"互联网+"背景下的
农村远程教育精准服务模式创新研究与应用

赵继春　郭建鑫　陈蕾　王敏　著

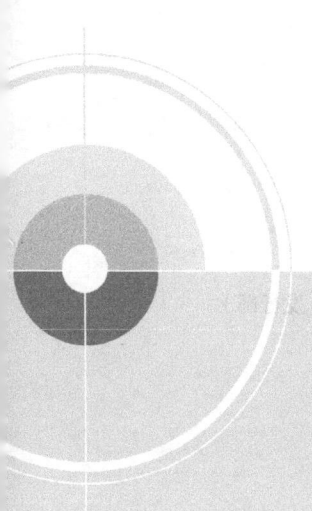

中国农业科学技术出版社

图书在版编目（CIP）数据

"互联网+"背景下的农村远程教育精准服务模式创新研究与应用/赵继春等著.--北京：中国农业科学技术出版社,2024.1

ISBN 978-7-5116-6562-1

Ⅰ.①互… Ⅱ.①赵… Ⅲ.①乡村教育-远距离教育-研究-中国 Ⅳ.①G725

中国国家版本馆 CIP 数据核字(2023)第 219969 号

责任编辑　张志花
责任校对　王　彦
责任印制　姜义伟　王思文

出 版 者	中国农业科学技术出版社
	北京市中关村南大街 12 号　邮编：100081
电　　话	（010）82106636（编辑室）（010）82106624（发行部）
	（010）82109709（读者服务部）
网　　址	https://castp.caas.cn
经 销 者	各地新华书店
印 刷 者	北京捷迅佳彩印刷有限公司
开　　本	148 mm×210 mm　1/32
印　　张	6.875
字　　数	215 千字
版　　次	2024 年 1 月第 1 版　2024 年 1 月第 1 次印刷
定　　价	58.00 元

◆版权所有·侵权必究◆

前 言

开展农村现代远程教育是提升农村信息化水平、消除数字鸿沟、构建农民终身教育体系的一项重要战略部署,加强农民现代远程教育对于提升农民综合文化素质以及社会主义新农村建设具有积极而重要的意义。中央一号文件多次明确提出要加大农村现代远程教育培训工作力度,努力提高农民的综合文化素质。《国家中长期教育改革和发展规划纲要(2010—2020年)》指出,要投入精力开展好现代远程教育工作,为终端用户提供方便、快捷的个性化学习方式和手段。

北京作为首都,在农业方面有着"大城市小农村、大郊区小城区"的特征,农业规模体量较低,而农业发展以都市型现代农业为主,这对农民的素质有更多要求,而农民个体差异大、需求分散多变,现有的针对农民的远程教育平台资源供给与需求存在偏差。且随着网络学习资源增长迅速,农民在网络学习过程中面临着"资源迷向"和"信息过载"问题,如何使农民精准定位到适合自己的学习资源成为农民远程培训的重要问题,因此提升信息精准服务成为北京市农村远程教育的首要任务。

本书对大数据环境下的北京农民远程教育信息精准服务技术和方法开展优化研究,构建针对农村用户的远程教育精准服务系统,提高获取远程教育服务的针对性和个性化,旨在实现在计算机和网络信息技术支持下"因材施教",消除信息壁垒,方便用户使用资源,提升远程教育精准服务水平和知识传播效率,促进"互联网+教育"数据服务产业发展。

本书获得北京市社会科学基金"基于知识图谱的北京农村远程教育精准服务技术优化研究"（项目编号23JYB012）、数字化学习技术集成与应用教育部工程研究中心"基于知识图谱的农业远程教育智能推荐技术研究"（项目编号1311018）资助。

著者

2024年1月

目录

第一章 远程教育精准服务技术优化

一、国内外研究动态 …………………………………… 1
 （一）信息技术促进农村远程教育发展研究 …………… 1
 （二）大数据环境下的信息精准服务方法研究 ………… 2
 （三）基于用户兴趣模型的精准服务方法研究 ………… 3

二、构建远程教育精准服务体系框架 ………………… 4
 （一）精准服务特征 ……………………………………… 5
 （二）精准服务框架的层次结构 ………………………… 5
 （三）精准服务框架的主要功能 ………………………… 7

三、基于用户特征数据库建立用户兴趣模型 ………… 8
 （一）用户特征基础数据库 ……………………………… 8
 （二）用户兴趣建模技术 ………………………………… 9
 （三）用户模型的学习方法 ……………………………… 11
 （四）用户兴趣模型构建 ………………………………… 14
 （五）模型更新 …………………………………………… 18

四、个性化推荐技术理论研究 ………………………… 23
 （一）推荐的基本概念 …………………………………… 23
 （二）个性化推荐技术概述 ……………………………… 24

  （三）推荐技术的主要问题 …… 30

  （四）推荐系统的评价 …… 31

五、个性化推荐技术的改进与实验 …… 32

  （一）基于协同过滤推荐技术的改进算法研究和实验验证 …… 32

  （二）基于序列分析的个性化推荐算法研究和实验验证 …… 43

  （三）基于组推荐方法研究 …… 56

  （四）基于 Spark 的个性化推荐系统开发 …… 63

六、构建北京市农村远程教育信息精准服务系统 …… 68

  （一）精准服务系统功能 …… 68

  （二）精准服务系统示范应用情况 …… 74

七、总结与展望 …… 81

参考文献 …… 82

第二章　学习者特征模型优化及应用 …… 85

一、远程学习者特征模型研究现状 …… 86

  （一）学习者特征 …… 86

  （二）远程学习者特征 …… 86

  （三）远程学习者特征模型构建 …… 87

二、远程学习者特征模型框架构建 …… 100

  （一）构建依据 …… 100

  （二）模型设计 …… 102

  （三）模型功能 …… 102

  （四）模型数据类型 …… 104

  （五）模型实现技术 …… 104

（六）模型搭建环境……………………………………………… 106

三、远程学习者特征模型实现 ………………………………… 107
　　（一）模型初始化……………………………………………… 107
　　（二）模型动态更新…………………………………………… 109

四、远程学习者特征模型应用分析 …………………………… 110
　　（一）数据收集………………………………………………… 110
　　（二）数据分析………………………………………………… 111
　　（三）模型效果验证…………………………………………… 119

五、研究结论及建议 …………………………………………… 125
　　（一）个性化学习资源的建设策略…………………………… 125
　　（二）个性化学习路径的建设策略…………………………… 126
　　（三）个性化学习支持管理的建设策略……………………… 126

参考文献 ………………………………………………………… 127

第三章　农民远程教育知识图谱智能化研究与应用…………128

一、农民远程教育知识图谱研究动态 ………………………… 129
　　（一）知识提取………………………………………………… 129
　　（二）内容识别和语音识别…………………………………… 132
　　（三）智能出题………………………………………………… 134
　　（四）知识语料库……………………………………………… 136
　　（五）智能推荐算法…………………………………………… 137

二、农民远程教育知识图谱研发构建 ………………………… 138
　　（一）构建智能耦合的互动课程资源库……………………… 138
　　（二）研发多维融合的知识图谱智能化平台………………… 142

（三）创建交互可视的农业培训智能化服务系统⋯⋯⋯⋯ 143

三、农民远程教育知识图谱框架构建 ⋯⋯⋯⋯⋯⋯⋯⋯⋯⋯ 146

　　（一）建设目标⋯⋯⋯⋯⋯⋯⋯⋯⋯⋯⋯⋯⋯⋯⋯⋯⋯⋯ 146

　　（二）建设内容⋯⋯⋯⋯⋯⋯⋯⋯⋯⋯⋯⋯⋯⋯⋯⋯⋯⋯ 146

　　（三）技术方案⋯⋯⋯⋯⋯⋯⋯⋯⋯⋯⋯⋯⋯⋯⋯⋯⋯⋯ 146

四、农民远程教育知识图谱推广应用 ⋯⋯⋯⋯⋯⋯⋯⋯⋯⋯ 150

　　（一）组织实施⋯⋯⋯⋯⋯⋯⋯⋯⋯⋯⋯⋯⋯⋯⋯⋯⋯⋯ 150

　　（二）推广应用成效⋯⋯⋯⋯⋯⋯⋯⋯⋯⋯⋯⋯⋯⋯⋯⋯ 151

参考文献 ⋯⋯⋯⋯⋯⋯⋯⋯⋯⋯⋯⋯⋯⋯⋯⋯⋯⋯⋯⋯⋯⋯ 155

第四章　农民远程教育学习成效⋯⋯⋯⋯⋯⋯⋯⋯⋯⋯159

北京农民远程教育学用分析报告（2019）⋯⋯⋯⋯⋯⋯⋯ 159

北京农民远程教育学用分析报告（2020）⋯⋯⋯⋯⋯⋯⋯ 172

北京农民远程教育学用分析报告（2021）⋯⋯⋯⋯⋯⋯⋯ 178

北京农民远程教育学用分析报告（2022）⋯⋯⋯⋯⋯⋯⋯ 193

附件一：用户满意度调研与测评 ⋯⋯⋯⋯⋯⋯⋯⋯⋯⋯⋯⋯ 203

附件二：农民远程教育需求调查问卷 ⋯⋯⋯⋯⋯⋯⋯⋯⋯⋯ 204

第一章
远程教育精准服务技术优化

一、国内外研究动态

（一）信息技术促进农村远程教育发展研究

远程教育主要是为人们提供开放教育和学习机会，已有200多年发展历史，国内对现代远程教育的理论和技术应用研究起步相对较晚，关注重点是如何扩大规模、改进技术和提高质量。鉴于农村远程教育工作的重要性，"十一五"和"十四五"期间，中央一号文件每年都提到了农民远程教育工作，"强国必先强农"，政府投入资金不断加大。经过10余年发展，基于地面宽带网络传输的互联网在城乡地区已经基本实现了全覆盖，初步建立了农村现代远程教育传输体系，包括农村中小学现代远程教育工程、农村党员干部现代远程教育工程、一村一名大学生计划和新型职业农民信息化建设工程等，还开展了中欧项目、教育部与李嘉诚项目及各省市根据自身实际情况的各种农村现代远程教育项目等（张志强，2017；方乐，2020）。

国外，由于远程教育发展时间较长，已达到相当规模，技术相对成熟，研究开始关注应用效果及教育公平性。当计算机和网络技术发展日渐成熟时，美国在涉农领域开始实施农民培训与素质提升工作（卢丽娜，2007）。德国、日本情况与美国类似，依托先进的信息技术，农民远程教育以科技信息服务为主（向安强等，2005）。从2012年开始，系列的网络教学资源提供公司快速出现，大型开放式网络课程（MOOC，massive open online courses）培训应用逐渐成熟起来，由于MOOC具有较好的开放性和易用性，教学资源免费，因此用户使用数量迅速增长（杨玉芹，2014）。近些年随着云计算、大数据、虚拟现实等智能技术的飞速发展，远程教育的探讨热点也逐渐聚焦"云"技术，云平台、云环境等影响了远程教育教学模式，如虚拟现实技术结合实际教学与虚拟环境，虚实结合帮助学生体验到身临其境，进而理解知识点，各类自主学习系统、个性化推荐系统等也应运而生（苗会永等，2022）。罗清红等（2022）基于大数据背景总结出属于成都市的远程教育模式，由一朵网校云升级为"七朵云"（网校云、数校云、继教云、培通云、师培云、乐培云、观课云），形成"教学研培评"的研究闭环。国外研究者也在个性化学习方面开展了探索研究，学习者可以自行安排学习时间和内容，不同学习者的背景和角色会影响他们的学习行为（Hood et al., 2015）。开发了基于移动应用终端的软件系统，实现了将学习课程与用户情境相结合（Dewaard et al., 2011）。应用大数据技术实现了用户学习行为的挖掘分析，对用户的学习进行趋势预测，为用户提供定制化的学习服务。

（二）大数据环境下的信息精准服务方法研究

信息推荐方法是精准服务系统的重要组成部分，通过特征信息的提取获取用户的兴趣偏好特征信息，为目标用户推荐符合其需求和特点的信息资源（Gediminas，2009）。近年来对基于机器学习技术的研究较多，如神经网络、聚类、Rocchio方法、决策树、自适应过滤和阈值设定等。薛庆吉（2011）采用语义推理方法构建本体库，提高了信息推荐的扩展性和灵活性。单京晶（2015）在基于内容的个性化推荐中应用K-means聚类算法，对符合用户偏好特征的资源进行聚类，将与用户关联程度高的信息资源推荐给用户。Chang等（2013）采用遗传算法实现网络课程推荐，提高了信息搜索效率，为用户准确而快速提供教学资源。傅金京和李玲娟（2021）综合协同过滤算法，设计基于用户特征与评分的算法，对新老用户都做出物品的最佳推荐。刘一鸣和王佳佳（2022）引入区块链技术，将其应用在图书馆数字阅读推荐中，实现个性化、精准数字阅读推荐。

随着计算机和网络信息技术的发展，大数据分析技术被应用到信息推荐系统(Ye, 2014)，能满足信息推荐系统对多源和高维稀疏性数据处理速度要求高的需求（程学旗，2014）。大数据分析技术对数据处理响应更快，为精准获取全体用户的偏好特征信息带来了可能，Schelter等（2013）在电影推荐平台应用Hadoop大数据技术处理用户的电影评分数据，提高了推荐系统的计算性能。Petroni（2014）应用大数据负载均衡技术处理信息推荐算法，有效提升了电影推荐系统的效率。刘少伟（2017）采用大数据分析技术对远程教育学生流失进行了现状分析，并提出了相应的对策。杨传斌和楼应凡（2021）运用大数据背景下个性化服务的用户画像工具，通过数字化校园平台收集学生的基本信息、图书馆数据、学习活动数据、网络行为数据等，为学生提供精准的图书馆讲座推荐服务。

（三）基于用户兴趣模型的精准服务方法研究

用户兴趣模型的构建是实现远程教育精准服务的基础，反映用户的特征信息，一定程度上解决了用户面临的"信息迷航"问题。随着计算机和网络技术发展，多采用自动化的用户兴趣模型构建方式。Fragoudis（1999）指出了用户模型构建技术在个性化信息服务系统中具有重要地位。Pazzani（1997）采用期望信息增益的方法来构建用户兴趣模型，模型由期望信息增益大的单词或词组构成。Adomavicius（2001）应用机器学习方法分析用户的历史操作行为，通过用户个人信息以及挖掘的关联规则构建用户兴趣模型。杨晶（2013）在Slope one算法基础上优化，通过相邻用户方式降低查询空间，有效降低了算法的时间复杂度。花青松（2013）在研究用户兴趣建模时，引入了经济学的基尼系数概念来衡量用户偏好特征的分布。詹天晟等（2014）采用基于搜索大量历史数据的方法构建用户兴趣模型，应用TF-IDF算法递归计算用户感兴趣特征项的权重。宋章浩和邢玲（2015）依据用户历史行为兴趣度来构建用户兴趣模型，系统的推荐精度大幅提高。Sandra等（2015）应用模式挖掘技术，根据上下文规则概念建立用户偏好数据库。Ghahramani 等（2015）提出自适应随机建模方法，用于度量用户在线学习个性化主题热度。张鹏程（2020）设计一种基于 LDA 用户兴趣模型的远程教育课程推荐方法，LDA 是一种三层结构的贝叶斯模型，基于该模型，计算出用户对远程教育课程的兴趣度，对不同用户推荐不同课程集。孙雨生和祝博（2021）提出基于知识图谱的信息推荐架构体系，以提供无差异、针对性智能推荐服务。

由于基于本体的用户兴趣模型表示方法具有支持语义优势，灵活性和扩展性较好，研究和应用越来越多，Jiang 等（2006）应用本体论构建用户兴趣模型，通过本体来表达用户信息，对本体中概念和之间的关联赋予特定权重，来表达用户的偏好特征。Belcadhi（2016）在语义网基础上提出一个智能的个性化学习反馈框架，为用户学习提供个性化反馈和自我评估。卢春华等（2019）基于在线学习数据，利用本体方法和循环神经网络的方法，给用户推荐感兴趣的资源；李媛媛和李旭晖（2020）基于豆瓣读书平台，结合本体与社会化标签，构建了用户动态兴趣模型，为用户推荐喜好的书籍。

综上，国内外学者从不同角度尝试研究了远程教育精准服务的模式和方法，一定程度上体现了思维模式的突破和理论创新，这些研究成果对本书具有很重要的借鉴作用。但用户兴趣模型构建和个性化推荐在远程教育精准服务方面还需要进一步补充，用户兴趣模型的语义支持不足，在大数据环境下的远程教育精准服务研究还不多。基于用户特征的信息推荐服务研究重点集中在系统设计、算法改进等技术层面，缺乏从远程教育精准服务的视角来考虑技术优化应用。跨学科理论分析与研究应用较少，学科理论交叉不够显著。

二、构建远程教育精准服务体系框架

在相关文献基础上，本书以北京市远程教育平台中的远程教育教学资源、学习者学习行为和教学资源属性信息为依据，以信息化技术手段为支撑，提出了高效、低耦合、高内聚的农民远程教育精准服务体系框架。

（一）精准服务特征

精准服务又叫个性化服务，是以用户为中心开展学习支持服务，主要是实现学习服务内容和学习服务形式的个性化，实现学习者的按需服务。精准服务具有主动性、开放性、人性化和灵活性等特征。

1. 主动性

精准服务是以学习者为中心主动开展服务，主动性是精准服务的最基本特征。精准服务机制是依据用户的需求建立起来的，能够按照用户的历史学习行为挖掘用户的兴趣特征信息，建立用户兴趣偏好模型，使用户能够主动获取有价值的精准服务资源。

2. 开放性

精准服务是基于网络的开放式的学习方式，可以有效突破时间以及场所的条件约束，用户可以依据自身特点和实际需求开展学习，网络学习资源以及用户的学习方式都具有开放性。

3. 人性化

精准服务是一种面向学习者心理需求的服务，依托于网络和计算机技术，根据学生的特征差异因材施教，为终端用户给予优质学习资源以及支持，解决终端用户在学习过程中面临的问题以及困难。使终端用户能够自由选择教学资源，制订学习计划，为用户提供符合自身偏好的网络学习资源，实现教学服务人性化。

4. 灵活性

精准服务应满足灵活性的特征，用户可以合理安排自身的学习计划或者学习任务，可以利用整块的时间学习，也可以利用碎片化的时间学习，学习内容可以灵活选择，学习内容的难易程度也由用户自由选取。

（二）精准服务框架的层次结构

精准服务架构分为原始数据层、本体层、模型算法层、业务逻辑层和应用层 5 个层次。

原始数据层存储的内容包括用户数据库、农民远程教育视频教学资源库、用户学习原始数据和教学资源评分数据库，数据层主要是为精准服务系统提供数据支撑；本体层包括用户本体和农民远程教育教学资源领域知识本体；模型算法层包括应用的协同过滤推荐算法、序列分析算法和用户兴趣模型等；业务逻辑层主要包括应用导航、智能推荐、个性定制和需求反馈等模块；应用层包括导航服务、定制服务、推荐服务和决策分析，为最终的学习者呈现友好易用的应用软件系统。

系统服务的主要对象包括普通农户、家庭农场、专业大户、农民合作社和农业龙头企业，即北京市参与农业生产活动的对象，如图1-1所示。

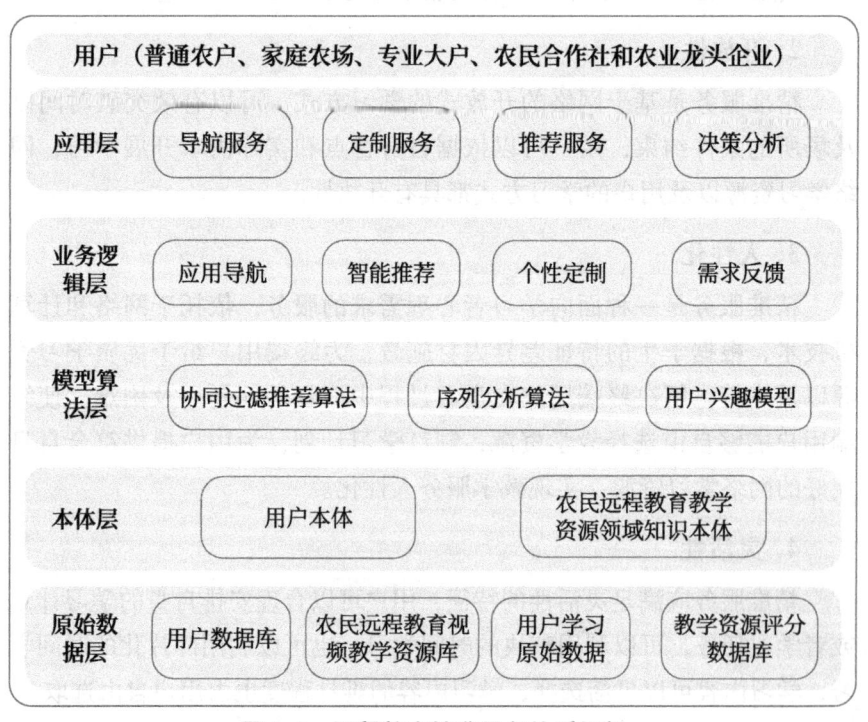

图1-1　远程教育精准服务体系框架

（三）精准服务框架的主要功能

1. 精准推荐服务

精准推荐服务是框架的重要功能之一，根据远程教育教学资源领域本体以及用户的学习行为，建立用户偏好特征模型，实现用户远程教育学习个性化教学资源推荐，为用户提供精准的教学资源，解决用户在海量的教学资源中查找信息难的问题，提高远程教育学习的便捷性和针对性，从而提升用户的学习效率。

2. 精准导航服务

根据教学资源领域本体和用户兴趣模型建立教学资源的导航图，对教学资源进行直观的可视化展示，为用户提供符合其兴趣偏好特征的相关教学资源。通过精准导航服务，实现用户方便快捷地找到自己想要的教学资源。

3. 精准定制服务

精准定制服务实现用户对教学资源和专题的个性化定制功能。用户可以通过日历表单的形式自行添加学习任务和学习计划，已添加的学习任务和学习计划随后以直观的方式自动出现在相应日历框中。用户通过个人权限进入系统后，已添加的学习任务和学习计划可以通过短消息、邮件等形式对用户进行学习任务提醒和学习计划提醒。用户还可以将自己感兴趣的专题资源添加到自己的精准服务页面。

4. 个性化需求反馈服务

为了充分了解用户的学习需求以及更新用户兴趣特征模型，需要为用户提供需求反馈互动模块，使系统能够主动了解用户的学习需求。通过该互动模块，系统第一时间获取到用户学习需求信息并根据设计好的程序及时响应处理，在教学资源库中查找相关度高的教学资源推荐给用户，同时更新用户兴趣特征模型。

5. 精准决策支持服务

精准决策支持服务为用户提供自身学习的统计和分析功能，使用户能够对整体学习开展综合评价，实现用户全面了解和评估自身的实际学习情况。通过精准决策支持服务，用户可以掌握详细的学习明细、学习进度和学习成效，可以按照学习时间和任务进度查询相关学习记录，同时实现对学习记录的统计功能，可以按照周、月和年的时间维度，对自己的学习记录生成统计图表。

三、基于用户特征数据库建立用户兴趣模型

（一）用户特征基础数据库

利用人数据采集工具和方法，依托于网络爬虫技术获取用户访问的详细数据，通过研究自然语言处理和数据清洗过滤转换技术，对数据存储进行规范化处理。

北京市农民远程教育原有 PC 网站内容涵盖全面，包含新闻、学习、交流、服务四大版块，有热点专题、网上直播、课件点播、教学服务等 40 余个栏目、万余部视频课程、83 个专题专栏，为全市上万名农民服务。

针对从事农业生产的农民，系统主要为其提供农业实用技术培训类的教学资源。针对农村信息员、农机服务人员和统防统治植保员、村级动物防疫员，系统以社会服务型资源提供为主。针对新型农业经营主体以农业科技、生产技能、经营管理、技术信息服务、加工营销等市场经济与现代农业知识，引导其增强市场主体意识与主体能力的资源提供为主。

如表 1-1，基于北京市农民网站后台的数据管理系统，可以查询到农民远程教育 PC 网站 2016 年各专题的学习情况，包括专题的网页总浏览量、视频播放次数和视频学习时长。其中，浏览量前三的是"第一书记""农村大讲堂""安全农产品基地展示"栏目，而与农民生

产生活更为密切的"叶菜培训"和"安全农产品"相关浏览量、视频播放次数和学习时长都相对较少。

表 1-1 涉农专题用户学习情况

专题名称	网页总浏览量/次	视频总播放次数/次	视频总学习时长/小时
第一书记	43 476	16 205	4 558.60
农村大讲堂	43 467	39 814	39 569.20
安全农产品基地展示	27 000	2 170	1 980.45
关注 H7N9 禽流感	24 500	1 993	1 451.98
减煤换煤	10 651	3 170	1 794.18
巾帼现代农业科技示范基地	9 647	2 675	1 544
信息进村入户工程	6 800	212	36.88
党员电化教育学用转化典型案例	3 253	1 306	215.48
如何当好站点管理员	1 716	2 491	4 169.65
科普训练营	1 536	1 333	2 876
高效节水－北京农业新坐标	1 342	986	2 341
乡村振兴基层科普人才培养	897	30	19.83
叶菜培训	540	927	451.36
沟域经济	169	2 783	1 828.44
安全农产品	147	1 274	567.31
合计	175 141	77 369	63 404.36

（二）用户兴趣建模技术

1. 用户定制建模

用户定制建模完全依赖于用户的操作行为，用户根据自身的偏好以及需求特点查询、选择或者手工输入相关的主题词，如 MyYahoo 系统，使用者能自行定制或通过主题词定制符合自己需求的栏目信息。用户定制通过构建用户兴趣模型的方式由用户个人手工操作完成，用户使用时间久了，一般就会失去耐心，很难长期吸引用户的注意力，从而影响系统的使用效果。而且，用户一般不能精准获取到反映自己偏好特征的主题词，输入的主题词往往和计算机系统能识别的主题词有偏差，因而计算机应用系统在识别用户的特色需求时，往往会不准确。

当用户兴趣发生变化的时候，必须通过手动方式去修改定制的栏目或者输入感兴趣的主题词，系统在用户的易用性方面表现不好，因此用户积极性一般不高。用户定制建模的方法在早期的个性化服务系统中应用较多，系统处理用户兴趣模型的方式简单，但是建立起来的用户模型往往不能全面反映用户的个性化实际需求。

2. 示例建模

示例建模是使用者根据实际需求为系统输入符合自身特点的样例，系统根据使用者的需求样例来建模，如 Syskill & Webert 就是通过用户示例构建用户兴趣模型的案例（Pazzani, 1996）。

基于用户示例的建模方式，系统从用户偏好特征的示例中抽取特征主题词来表征用户的兴趣爱好，这种抽取关键词的方式和基于文本分类查找关键词的方式大同小异，用户示例建模主要是查找到能够表示用户兴趣的关键词列表集合。用户提供的示例一般能够直接准确地表征用户的个性化兴趣爱好，一般实现是在用户与系统交互的过程中用户标注感兴趣的示例。这种方法与用户定制建模相比，对用户的依赖行为相对较少，由于用户的示例能集中反映用户的兴趣爱好，建立起来的用户模型相对比较准确，主要的缺点是，需要用户的参与，系统才能获取用户的偏好特征。

3. 自动建模

自动建模完全依托计算机应用系统，在模型构建的过程中无需用户的人为干预，计算机系统记录用户的操作信息以及用户相关的属性信息，通过采集、分析和处理用户的历史操作行为信息而建立用户偏好特征模型。通过系统自动建立用户兴趣模型的应用较多，如德国国家研究中心的 ELFI（Schwab, 1996）、麻省理工学院的 Letizia（Lieberman, 1995）等。刘淇（2013）采用自动建模的方法构建了基于用户当前情境的用户兴趣模型以提高信息推荐精准度。

这种自动建模的方法不需要用户主动向系统提交自己感兴趣的信息，而是通过计算机技术实现，不会干扰用户的操作行为，系统的易用性相对较好，用户能够获得较好的体验效果，从而得到广泛的应用。

（三）用户模型的学习方法

用户的偏好和需求不断在调整和改变，为了能精准描述用户的偏好特征，用户兴趣模型也要随之动态调整。用户模型学习方法一般包括朴素贝叶斯概率方法以及 Rocchio 算法。

1. 朴素贝叶斯方法

朴素贝叶斯是一个基于概率统计方法，通过归纳学习的方式实现，属于通用类的贝叶斯分类器，根据前期监测的数据产生一个关于概率的模型，该理论用来计算概率 $P(M|N)$：

$$P(M|N) = \frac{P(M)P(N|M)}{P(N)} \quad \text{（公式 1.1）}$$

最高概率对文档 N 分类：

$$M = \arg\max Mi \frac{P(Mi)P(N|Mi)}{P(N)} \quad \text{（公式 1.2）}$$

$P(M|N)$ 和 $P(M)$ 是预先未知，需要通过训练数据进行估算，通过这种方式预估 $P(M|N)$，观测数据通常不能生成好的概率。朴素贝叶斯分类器依据独立性假设解决了这个问题。通过实验表明朴素贝叶斯分类器应用在文档分类中具有较好的效果（Billsus, 1997; Mccallum, 1998）。朴素贝叶斯分类器包括多项式模型和多元伯努利模型，多项式模型用于计算信息中词汇具体的频次，而多元伯努利模型将信息中

的词汇编制代码而赋予二元属性。多项式模型对于表达词汇表来说，效果要好于多元伯努利模型（Domingos et al., 1997）。多项式模型计算 $P(Mj|Ni)$ 通过使用文档向量：

$$P(Mj|Ni) = P(Mj)\prod w \in NiP(tk|Mj)A(Ni,tk) \qquad （公式1.3）$$

$A(Ni, tk)$ 为 tk 出现在 Ni 的次数，朴素贝叶斯很重要的一步是估算词的概率 $P(tk|Mj)$。为了使非频繁词汇的概率估计相对准确，采用平滑方法调增概率，平滑的主要目的是避免出现在训练集中的词汇概率为零。虽然朴素贝叶斯的统计效果不如 K 邻近（K-Nearest Neighbor, KNN）算法和支持向量机（SVM）的方法，然而在概率要求不高场景的分类任务中表现的性能却相对较好（Schwab, 2001），同时朴素贝叶斯方法实现比较简单。在大规模词汇集应用场景，在分类方面多项式模型方法好于多元伯努利模型方法。

2. Rocchio 算法

Rocchio 算法实现文档向量表示，如果文档相似，那么向量相似。文档中的每一个词都是由向量组成，具体词汇所占的权重使用 IFIDF 进行计算。在分类一个文档时，通过相似度计算结果判断文档的类别。Rocchio 通过公式 1.4 为类别 Ti 计算得出一个分类器 $Ta=(M_{1i},M_{2i},\cdots,M_{ni})$。

$$Mni = \alpha\sum\{Aj \in Pi\}\frac{Mni}{|Pi|} - \beta\sum\{Aj \in Ni\}\frac{Mni}{|Ni|} \qquad （公式1.4）$$

Mni 是文档 A 中词 Ai 的 $IFIDF$ 的权重值，Pi 和 Ni 是关于具体的类 Ta 的训练集中正面和负面的训练样本，α 和 β 是相应的调节参数，用来调整正面样本和负面样本所占的比重。

3. 基于遗忘函数的用户模型学习方法

德国心理学家 Ebbinghaus（1987）针对人们记忆遗忘规律提出了遗忘曲线，并且通过实验进行了验证，该规律表述为：人们遗忘的过程是一个由快变慢的过程，而非匀速的，当遗忘到一定程度的时候，几乎不再发生遗忘现象，图 1-2 就是比较著名的 Ebbinghaus 遗忘规律曲线。

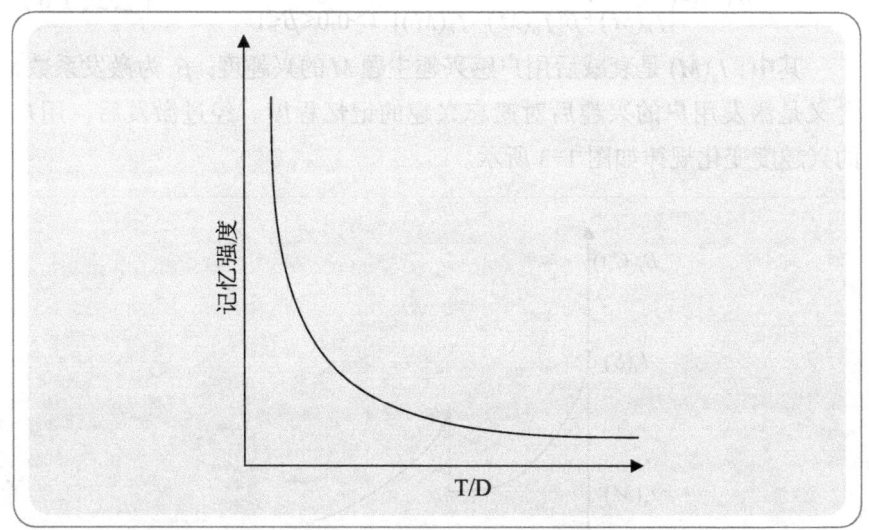

图 1-2　Ebbinghaus 遗忘规律曲线

Ebbinghaus 遗忘规律曲线说明了人们遗忘的规律是一个由快变慢的过程，后来的一些研究者对 Ebbinghaus 遗忘曲线进行了验证以及检验，得到的结果与 Ebbinghaus 遗忘曲线变化过滤基本一致，都是非线性的指数过滤变化曲线（White, 1999）。

在用户模型学习更新的过程中，有些学者借鉴了 Ebbinghaus 遗忘曲线规律，提出了基于 Ebbinghaus 遗忘曲线的用户模型兴趣度衰减方法，实质上是将用户兴趣模型演进的过程看成是关于主题兴趣度调整的过程。假定用户感兴趣的主题 S 的初始化兴趣度是 $I_a(S)$，遗忘的系数为 α，则主题兴趣度的衰减函数为 $B(C,t)$ 与时间 t 的关系数学表达式为：

$$B(C,t) = I_a(S) \cdot e^{-\alpha t} \qquad （公式 1.5）$$

当用户的兴趣主题再次被激发时，由于激发使得用户对于遗忘主题再次产生记忆，也就是主题的兴趣度会产生一个跳跃，用户的主题

受到激发后的主题兴趣度表示方法如下所示:

$$B_j(C,t) = \begin{cases} I_a(s) & t=0 \\ I_n(M)+\beta[I_a(M)-I_n(M)] & t>0, 0\leq\beta\leq 1 \end{cases} \quad （公式1.6）$$

其中,$I_n(M)$是衰减后用户感兴趣主题M的兴趣度;β为激发系数,含义是激发用户的兴趣后对遗忘兴趣的记忆程度。经过激发后,用户的兴趣度变化规律如图1-3所示。

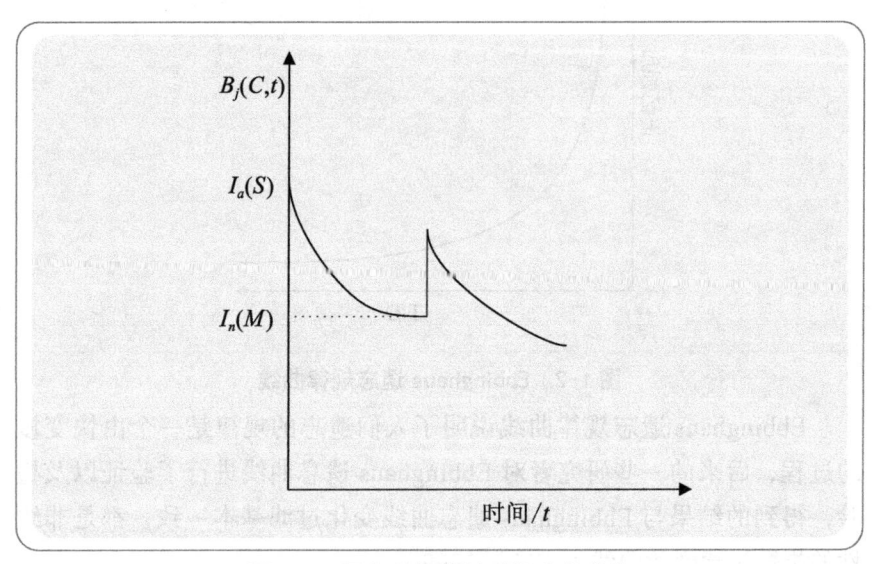

图1-3 用户兴趣度随时间变化曲线

在理论支撑和技术方法研究基础上,应用本体技术对用户兴趣模型和推荐算法开展技术优化,并将用户特征指标输入模型,实现用户自动分类和服务定位。

（四）用户兴趣模型构建

学习者的兴趣模型构建是实现个性化学习应用系统的基础,针对用户的学习行为变化预测不准、算法的空间复杂度高以及影响用户学习行为分析不准确、不全面等问题,以北京市远程教育平台的用户数据为基础,构建了基于用户属性信息和教学资源领域本体的个性化用户兴趣模型。

影响用户兴趣模型的因素包括用户属性信息、用户学习行为和教学资源标签。用户的属性信息包括用户年龄、从事农业生产类型、感兴趣教学资源；用户的学习行为包括用户学习记录、自身制订的学习计划、加入收藏等行为记录；教学资源标签指标注资源属性的元数据信息，允许用户为资源自主添加标签。用户本体具有用户基本的属性信息，如用户名、职业、年龄等，更重要的是用户对远程教育教学资源的偏好主题以及主题对应的权重，兴趣主题的信息来源于前面构建的教学资源领域本体。

朱亮（2012）提出了一种基于本体的用户兴趣模型，其用户兴趣模型的表达方式为（UserModI, UserModO, UserModD），该模型由3个部分组成，UserModI 为用户基本属性信息部分，表达方式为 {U_name, U_profession, U_sex, U_hobby, U_birth}。UserModO 含义是表示用户特征的本体。UserModD 是用户对 UserModO 兴趣主题的权重集合，应用的表达方式可以为 UserModD = {< Subject, Proportion > |concept ∈ UserModO)。这样的用户背景表达，存在一些潜在的问题，用户的偏好及其权重以集合的方式表示会产生大量冗余信息，对用户兴趣模型的更新会带来影响。用户兴趣模型中包含用户名字等敏感信息，用户一般会对这些信息怀有疑虑。未能考虑用户好友等重要的辅助信息。未能与项目的本体建立关联。

本研究优化改进上述用户兴趣模型，研究并建立了基于用户基本属性信息和远程教育视频教学资源领域本体的用户兴趣模型，模型具体实现方法如下。

定义1：基于用户属性信息和领域本体的用户兴趣模型 Umodel

$$Umodel = (Udetail, UInterestSubject, Upv, t) \qquad （公式1.7）$$

基于用户基本属性信息和领域本体的用户兴趣模型 Umodel 由用户的信息节点 Udetail、用户感兴趣主题集合 UInterestSubject、用户的操作行为信息 Upv 和时间变量 t 组成，用户的信息节点表示用户的基本属性信息，用户感兴趣主题集合与教学资源领域本体相对应，用户的操作行为信息是用户在日常学习过程中学习记录集合，t 是动态的时间变量。

定义 2：用户的信息节点 Udetail

$$Udetail = [UID, Uinfo(Email, Sex, Age, Profession, Friend)] \quad （公式1.8）$$

用户的信息节点 Udetail 由用户的唯一标识 UID 和用户的基本属性信息 Uinfo 组成，用户的唯一标识 UID 表示用户兴趣模型的不同类型，用户的基本属性信息包括用户的电子邮件 Email、性别 Sex、年龄 Age、从事农业生产类型 Profession 和用户的好友 Friend，在具体信息表示的时候采用数字化向量的形式。采用这种表示方式，用户兴趣模型中不涉及用户的具体姓名等真实隐私数据，无隐私保护问题。

定义 3：用户偏好特征主题集合 UInterestSubject

$$UInterestSubject = (O, A, W) \quad （公式1.9）$$

用户偏好特征主题集合 UInterestSubject 由用户偏好特征主题项集合 O、特征项 A 和特征项所占的权重 W 组成，用户偏好特征主题项集合的表示形式 $O=(o_1,o_2,\cdots,o_n)$，A 为主题 O 对应的特征项集合表示 $A=(a_1,a_2,\cdots,a_n)$，特征主题相应的权重表示 $W=(w_1,w_2,\cdots,w_n)$。

定义 4：用户的操作行为信息 Upv

$$Upv = (UserStudyRecord, AddingFavorites, UserToVideoRating, VideoRatingLable, AddinglearningPlan) \quad （公式1.10）$$

用户的操作行为信息 Upv 代表用户学习信息记录，UserStudyRecord 是用户的学习记录信息，AddingFavorites 记录用户将教学资源加入到收藏夹的操作动作，UserToVideoRating 是用户对教学资源的评分数据，是用户兴趣模型中比较重要的参数，代表了用户对教学资源的偏好程度，一般是用户的评分数值越高，代表用户对教学内容的偏好程度越高，VideoRatingLable 是用户已评过分的教学资源标签，AddinglearningPlan 记录用户将教学资源加入到学习计划的动作。

定义 5：为用户兴趣模型更新变化的时间 t

$$t=(t_1,t_2,\cdots,t_n) \quad （公式1.11）$$

用户兴趣模型更新变化时间 t 是一个时间序列集合，表示随着时间的推移用户兴趣模型的变化。

基于用户属性信息和领域本体的用户兴趣模型有效地将用户的基本属性信息和远程教育教学资源本体相结合，层次结构见图 1-4。

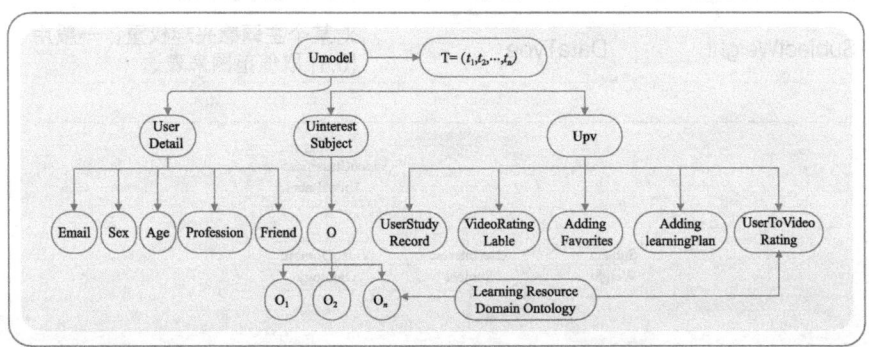

图 1-4　用户兴趣模型层次结构图

UserDetail 指用户的属性信息包括性别、电子邮件、从事生产类型和好友等。UserStudyRecord 是记录用户的学习信息，包括学习过的视频记录、文章记录。UserInterestSubject 记录用户感兴趣的主题，由远程教育教学资源领域本体类来描述。UserToVideoRating 是用户对教学资源的评分，具体数值表示用户对教学内容的偏好程度。用户兴趣模型的主要属性如表 1-2 所示，用户兴趣模型与教学资源领域本体对应关系如图 1-5 所示。

表 1-2　用户兴趣模型的主要属性

属性	属性类别	属性描述
UserID	DataType	用户 ID
CreateTime	DataType	用户创建时间
UpdateTime	DataType	更新时间
UserDetail	ObjectType	用户详细信息，由用户 Property 类描述
UserStudyRecord	ObjectType	用户学习记录

续表

属性	属性类别	属性描述
UserInterestSubject	ObjectType	用户感兴趣主题描述，由领域本体描述
UserToVideoRating	ObjectType	用户对教学资源评分
SubjectWeight	DataType	对某个主题感兴趣权重，一般用[0,1]取值范围来表达

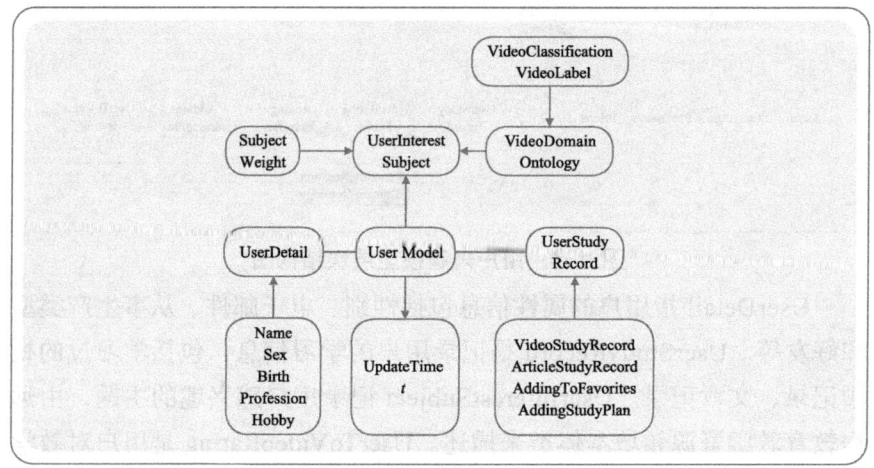

图 1-5　用户兴趣模型的主要属性

（五）模型更新

用户兴趣模型更新迭代对提升个性化教学资源推荐的精准性具有重要作用，远程教育用户的兴趣、知识背景和情感等因素随时间变化而变化，如果模型一直保持不变，会影响学习者对学习系统的应用体验以及系统对学习者当前需求的把握。及时有效地获取用户背景和兴趣等方面的细小变化，能较好地改善用户的学习成效。另外，从系统运行的时间效率和空间存储效率来看，需要限制用户兴趣模型的存储容量，因而，为了实现用户兴趣模型的及时性和有效性，有必要及时更新用户兴趣模型。

用户兴趣模型更新时，考虑到用户学习体验和系统性能等因素，将在线与离线有机结合起来处理用户兴趣模型。在参与远程教育个性化学习时，由于用户添加同类型的其他学习者为好友的行为动作需要的运算量并不大，因而不会给个性化学习系统带来巨大的运算量，目前的计算机系统运算速度非常快，不会由于用户等待时间过长而影响用户的体验，因此可以采用在线更新的方法。而对于用户学习记录、教学资源加入学习计划、更新教学资源标签等操作，对日志分析和计算需要消耗大量的软硬件资源，同时也需要较长的等待时间，如果采用在线更新的方式，则无法满足用户及时的需求而影响用户的体验效果，所以本文采用闲时离线更新的模式。

1. 教学资源兴趣度在用户模型层数树中的更新方式

当学习者对某一个特定的教学资源产生兴趣时，在用户兴趣模型中做查询操作，假如能查询到该教学资源，则调整加大该教学资源主题所占的权重，假如查询不到该教学资源，在空间允许的前提下，将该资源加入到用户兴趣模型中。假如没有空间，则删除权重较小的教学资源主题信息。用户兴趣模型的时间需要根据用户兴趣的变化而改变，根据当前的时间 t_1 和上次用户兴趣模型更新的时间 t_2 的差值来降低用户对资源的兴趣度，与当前的用户兴趣度相加得到更新后用户模型的兴趣度，并将用户兴趣模型的更新时间设置成当前的时间 t_1。用户兴趣模型的更新可以利用公式 1.12 计算：

$$BI(i)=CBI(i)+OBI(i)\times\frac{a}{a+(t_1-t_2)} \qquad （公式1.12）$$

其中，$BI(i)$ 是教学资源更新后的兴趣度，$CBI(i)$ 是当前计算出来的用户关于教学资源 i 的兴趣度；$OBI(i)$ 是以前的教学资源兴趣度；t_1 为当前访问教学资源 i 的时间；t_2 是教学资源 i 在用户兴趣模型中上次更新的时间；a 是调节系数，该值越大说明用户的兴趣模型随着时间的衰减速度越慢，反之说明模型随着时间的衰减越快。用户兴趣模型更新后，模型中相应结点的兴趣度需重新计算，同时将用户兴趣度模型中的结点时间更新为当前时间，从而实现用户兴趣模型的更新。

2. 用户兴趣模型的更新方式

模型的更新方式可以依据用户的属性和操作行为信息进行更新，具体包括用户学习记录、教学资源评分、用户收藏、更新学习计划、更新教学资源标签、用户关注（领域知识本体）等信息，如图1-6所示，下面以用户学习记录和用户对教学资源评分为例介绍用户兴趣模型的更新过程。

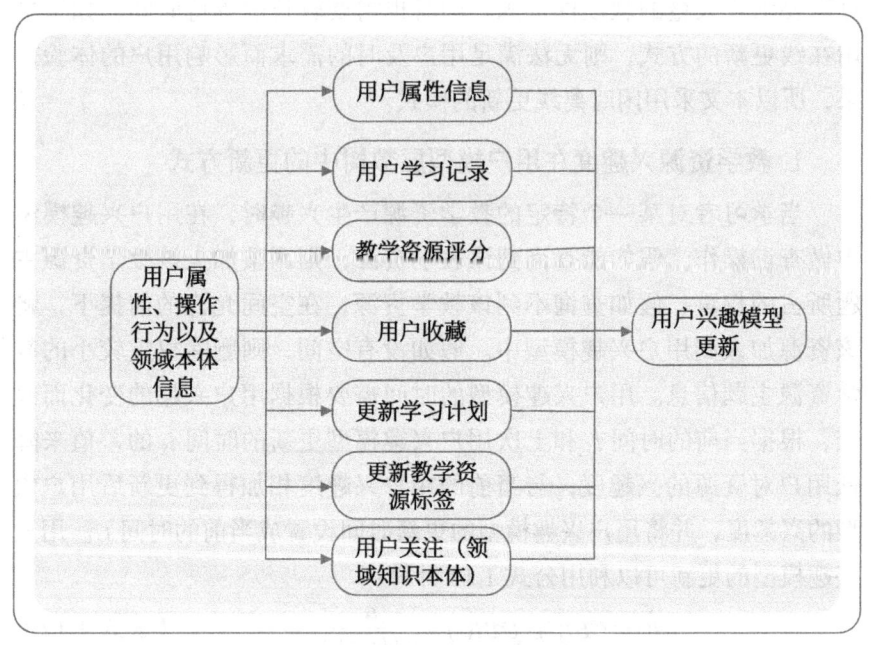

图1-6　用户兴趣模型更新结构图

（1）通过用户学习记录更新用户兴趣模型

用户在远程教育学习的过程中会产生大量的学习记录，包括用户学习教学资源的名称、学习时间和学习课程时间长度等信息，系统定时分析用户的学习行为信息，实现对用户兴趣模型的更新，通过用户学习记录更新用户兴趣模型的过程如图1-7所示。

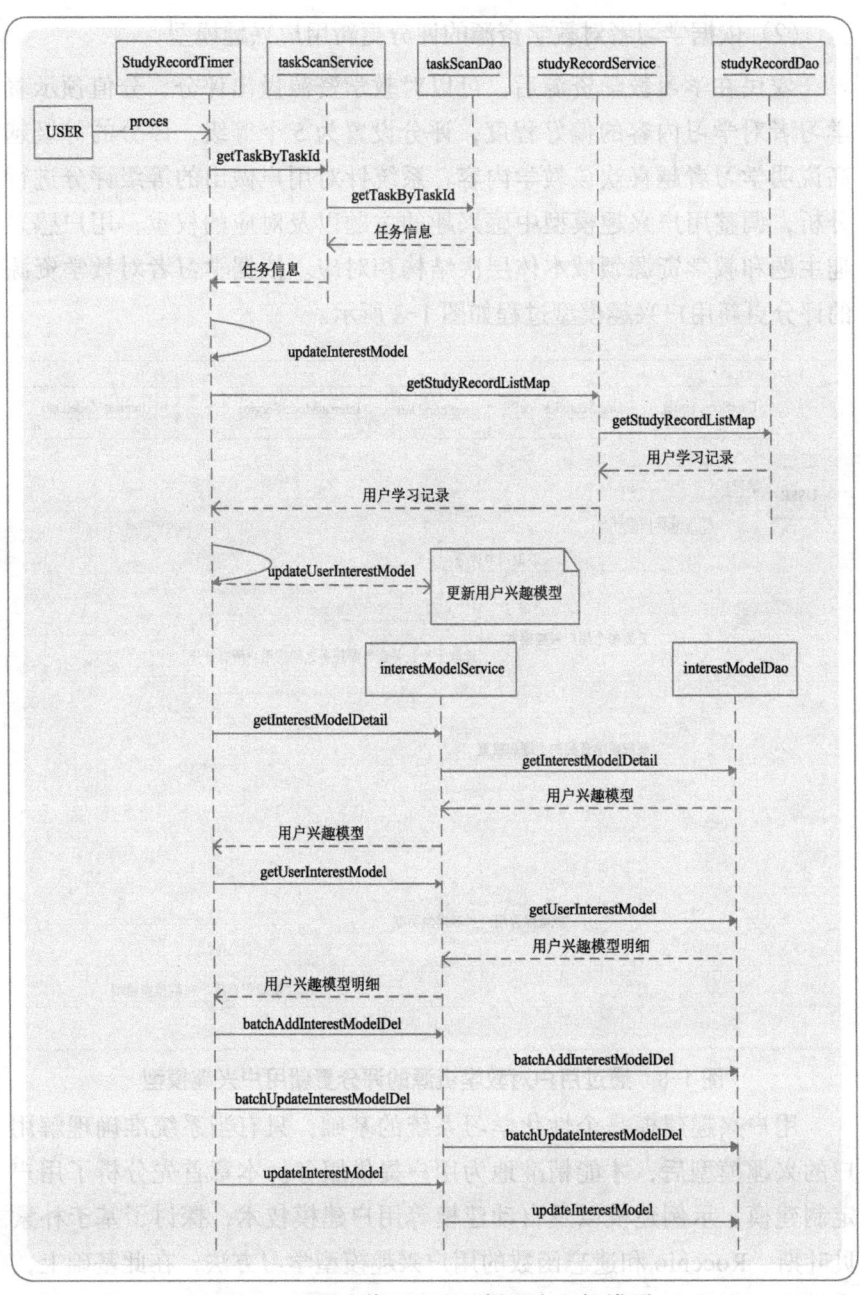

图1-7 通过学习记录更新用户兴趣模型

(2) 依据学习者对教学资源的评分更新用户兴趣模型

农民在学习教学资源后,可以对教学资源做出评分,分值预示着学习者对学习内容的偏好程度,评分设置为 5 个等级,评分的等级越高说明学习者越喜欢该教学内容,系统针对用户做出的等级评分进行分析,调整用户兴趣模型中感兴趣的主题以及对应的权重,用户感兴趣主题和教学资源领域本体层次结构相对应。依据学习者对教学资源的评分更新用户兴趣模型过程如图 1-8 所示。

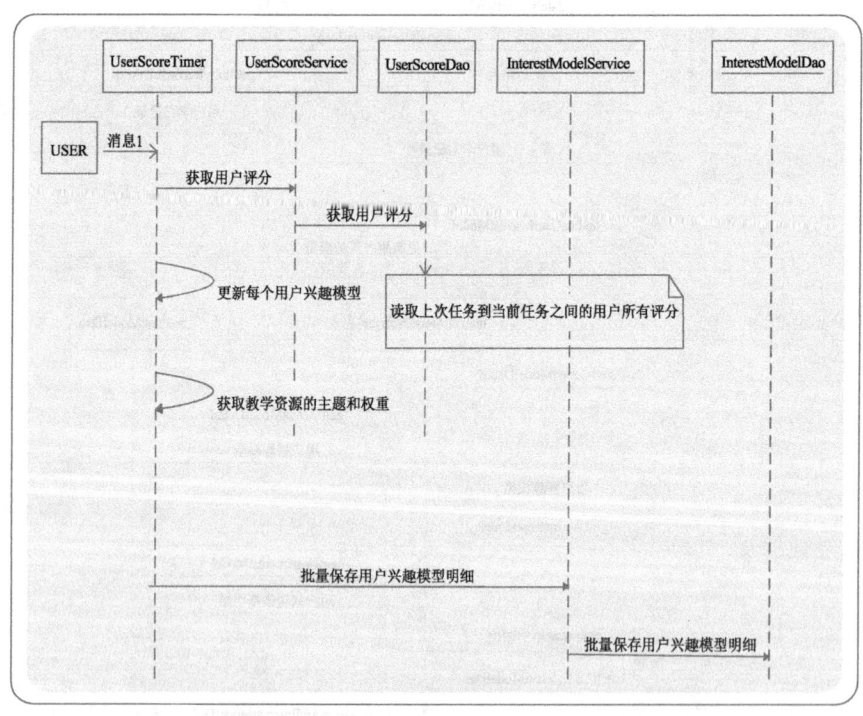

图 1-8　通过用户对教学资源的评分更新用户兴趣模型

用户兴趣建模是个性化学习系统的基础,只有当系统准确理解用户的兴趣模型后,才能精准地为用户提供服务。本章首先分析了用户定制建模、示例建模以及自动建模等用户建模技术,探讨了基于朴素贝叶斯、Rocchio 和遗忘函数的用户兴趣模型学习方法,在此基础上,为解决用户模型存在的学习者行为分析不全面、不准确以及缺少语义支持等问题,构建了基于用户属性信息和教学资源领域本体的用户兴趣模型,同时给出了用户兴趣模型概念、兴趣度计算以及用户兴趣模型更新的方法。

四、个性化推荐技术理论研究

(一)推荐的基本概念

推荐系统(Recommender System)是预测用户对某个他未曾"使用"过的物品的喜好程度。如电影、书籍、音乐、新闻等。一般所说的"推荐系统"是指"个性化推荐系统",即不同人根据具体情况不同可以获得不同的、有针对性的推荐。

传统推荐系统主要由待选推荐对象、推荐算法、用户3个基本要素构成。推荐系统的通用模型如图1-9所示。

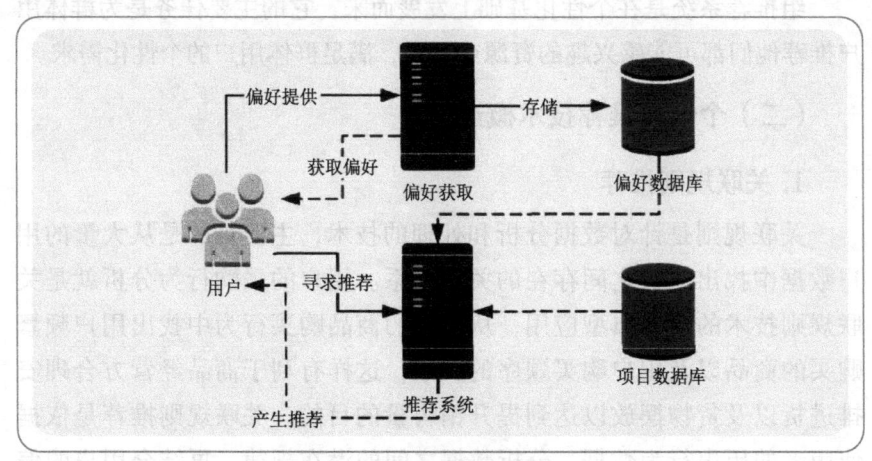

图1-9 推荐系统通用模型

其工作流程如下。

1.用户偏好的获取

用户偏好是推荐系统的输入数据,获取偏好的途径主要有两种:第一种是由用户本身提供的偏好,即显式偏好(如用户评分,用户表达对物品的喜欢与不喜欢等）；第二种是由推荐系统自己获取的用户偏好（如用户的浏览行为、用户对网页的点击次数、访问时停留的时间长短等），即隐式偏好，系统将会收集这类信息并将其存储，以便在推荐的时候应用。

2. 推荐算法

推荐算法是推荐系统的核心，推荐算法将对用户偏好进行分析，建立用户兴趣模型，在待选推荐对象中选择用户可能会喜欢的对象进行推荐。

3. 推荐结果

推荐算法将预测出的结果展现给用户，一般情况下推荐结果会以列表的形式展现给用户。

组推荐系统是在个性化基础上发展而来，它的主要任务是为群体用户推荐他们都可能感兴趣的资源或项目，满足群体用户的个性化需求。

（二）个性化推荐技术概述

1. 关联规则推荐

关联规则是针对数据分析和处理的技术，主要目的是从大量的用户数据中找出项目之间存在的关联关系。用户的采购行为分析就是关联规则技术的一项典型应用，从用户的商品购买行为中找出用户频繁购买的商品以及用户购买顺序的关系，这样有利于商品经营方合理安排进货以及货物摆放以达到提升销售量的目的。关联规则推荐是依据使用者的历史行为数据，分析数据之间的潜在规律，再结合用户的偏好习惯做出合理的推荐（沈斌，2007）。

关联规则的数学形式化表达为：

$D = \{d_1, d_2, \cdots, d_n\}$ 是数据项集合，A：交易数据库，交易 B：$B \subseteq D$。数据项 M：$M \subseteq B$。一个关联规则就是含有 $M \rightarrow N$ 形式的表达式，其中 $M \subset D$，$N \subset D$，$M \cap N = \emptyset$。规则 $M \rightarrow N$ 中的支持度（Support）计算公式

如下：

$$\text{Support}(M \to N) = P(N|M) = \frac{|\{B: M \cup N, M \subset D, N \subset D, B \subset D\}|}{|A|}$$ （公式1.13）

规则 $M \to N$ 在 B 中置信度（Confidence）计算公式如下：

$$\text{Confidence}(M \to N) = P(N|M) = \frac{|\{B: M \cup N, M \subset D, N \subset D, B \subset D\}|}{|A|}$$ （公式1.14）

对于一个给定的交易数据库 A，关联规则方法的主要任务就是发现置信度与支持度分别大于预先指定的最小置信度阈值和最小支持度阈值的关联规则，关联规则主要算法有 Prefixspan、Apriori、Tree Projection、FP-tree 等（冷亚军，2013），通过关联规则实现推荐的系统有 PPDSS 和 E-VZpro 等（Wang，2004）。关联规则算法存在的问题是随着规则数据量的增加系统管理会越来越困难（曾春，2002），Sarwar（2000）等通过实验证明关联规则的推荐效果相对于协同过滤推荐效果来说，推荐的性能相对要差一些，而且，基于关联规则推荐的方法在数据测试集比较稀疏的情况下，往往没有推荐结果。

2. 基于内容的推荐技术

基于内容的推荐技术是信息检索查询技术在个性化服务方面的拓展，采用机器学习的技术实现个性化推荐，分析用户的偏好习惯，为用户建立一个兴趣模型，然后计算相似度，把相似度高的项目推荐给目标用户（王永固等，2011）。这种推荐技术建立在系统使用者的特征属性信息或者用户兴趣模型基础上进行推荐，与用户对信息内容的评分数据没有关联。基于内容推荐的系统有 PVA-网站文本推荐、LIBRA-图书资源推荐、图书馆科技文献推荐、WebMate 等。

基于内容的推荐技术重点考虑用户的特征项与项目之间的相似性，不依赖用户的其他数据。基于内容的推荐方法比较容易实现，应用技术成熟，推荐结果比较直观。但是，基于内容的推荐技术仅适用于元数据信息比较丰富的项目资源，推荐取决于用户兴趣模型的完善程度以及项目特征信息提取，要求项目具有良好的结构性。该推荐技术无法发现用户的潜在兴趣爱好，所推荐的项目与用户的兴趣偏好模型相关度高，用户只能获取到与以往相似的项目内容。

3. 协同过滤推荐技术

（1）协同过滤推荐技术概述

协同过滤推荐技术主要是根据近邻用户的偏好特征向目标用户进行资源推荐，找出与目标用户兴趣喜好大体一致的邻居用户，对邻居用户的偏好特征模型进行分析，把近邻用户喜欢的教学资源推荐给目标用户（夏培勇，2011）。协同过滤推荐技术的优点主要是不用考虑被推荐项目的具体内容，只需要找到目标用户的相近用户，同时技术实现相对比较容易，已经成为一种应用比较广泛的推荐技术。

协同过滤推荐算法一般可以分为基于模型和基于记忆两种。基于模型的协同过滤推荐算法，是依据用户的评分数据应用统计或机器学习方法在离线的状态下建立模型。基于记忆的协同过滤推荐算法主要是利用项目评分矩阵获得用户与用户之间或者项目与项目之间的相似度关系，一般可分为基于用户以及基于项目的协同过滤推荐算法（孔维梁，2013）。

基于用户的协同过滤推荐算法根据用户对于资源的评分，找到偏好特征类似的用户，根据相似用户的兴趣偏好特征，为待推荐用户提供相同或者相似的资源。基于用户的协同过滤推荐算法实现效率相对较高，算法实现起来相对比较容易。基于项目的协同过滤推荐算法是Sarwar提出来的（Sarwar, 2001），算法主要思想是寻找项目之间的相似性，依据用户的特征信息将类似的项目推荐给用户，算法实现的基本原理如图1-10所示，假定用户User1喜好的资源是R_1和R_3，而用户User3喜好的资源是R_1，通过相似度分析计算得出资源R_1和R_3相似程度较高，因此，将资源R_3提供给用户User3。

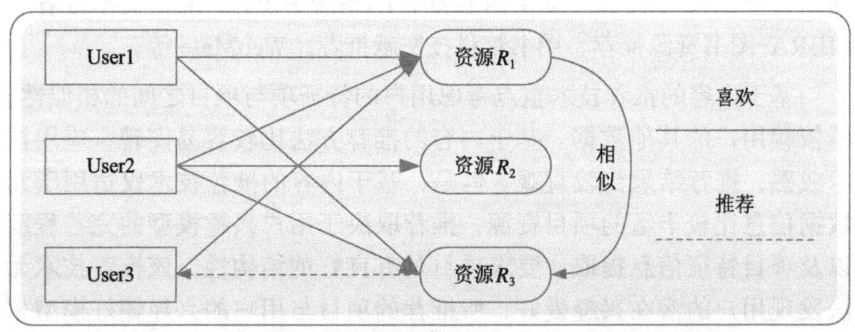

图1-10　基于项目的协同过滤推荐算法实现的基本原理

（2）协同过滤的相似度计算方法

协同过滤推荐算法主要是通过计算项目和项目之间的相似度来实现，通常的相似度计算方法主要有余弦相似度计算方法、修正余弦相似度方法、Pearson 相关系数法、Jaccard 系数法和 Salton 指标法等，具体的相似度计算和实现方法如表 1-3 所示。

表 1-3　主要的相似度计算方法

计算方式	定义	备注
余弦相似度	$\text{sim}_{mn} = \dfrac{\vec{r}_m \cdot \vec{r}_n}{\left\|\vec{r}_m\right\|_2 \times \left\|\vec{r}_n\right\|_2}$ $\vec{r}_m$ 和 $\vec{r}_n$ 分别表示项目 m 和 n 的评分向量；$\cdot$ 表示 $\vec{r}_m$ 和 $\vec{r}_n$ 向量的内积；$\left\|\vec{r}_n\right\|_2$ 是求向量的模	计算向量间夹角余弦数据，当用户对某个资源没有评分数据时，将评分数据设为 0
Pearson 相关系数	$\text{sim}_{mn} = \dfrac{\sum_{u \in U}(r_{um} - \overline{r_m})(r_{un} - \overline{r_n})}{\sqrt{\sum_{u \in U}(r_{um} - \overline{r_m})^2}\sqrt{\sum_{u \in U}(r_{un} - \overline{r_n})^2}}$ U 是同时评分了项目 m 和 n 的用户集合；r_{um} 和 r_{un} 分别为用户 u 对项目 m 和 n 评分；$\overline{r_m}$ 和 $\overline{r_n}$ 是用户 U 对项目 m 和 n 的平均评分	主要是用来表示两个数据集合的定距变量之间的线性关系。Pearson 相关系数的绝对取值越大，表明用户之间相似性越强
Jaccard 系数	$\text{sim}_{mn} = \dfrac{\left\|U_m \cap U_n\right\|}{\left\|U_m \cup U_n\right\|}$ U_m 和 U_n 分别为评分了项目 m 和 n 的用户集合；上式中分子表示同时评分了项目 m 和 n 的用户数，分母表示至少评分了项目 m 或者 n 之一的用户数	Jaccard 计算方法是项目集合交集和项目集合并集的比值
Salton 指标	$\text{sim}_{mn} = \dfrac{\left\|U_m \cap U_n\right\|}{\sqrt{\left\|U_m\right\| \times \left\|U_n\right\|}}$ U_m 和 U_n 是评分了项目 m 和 n 的用户集合；$\left\|U_m\right\|$ 和 $\left\|U_n\right\|$ 分别表示评分了项目 m 和 n 的用户数	Salton 指标的计算方法是用户之间评分的项目的交集与用户评分项目的用户数之比

4. 基于知识的推荐技术

基于知识的推荐在某种程度上可看成是一种推理技术。它不依赖于用户的历史行为记录,而是利用领域知识制定相关的规则和实例为用户推理出结果。基于知识的推荐在产生推荐时必须由用户给出相应的需求,推荐系统根据用户需求,结合知识库为用户产生推荐,当无法产生推荐时,用户必须对其需求进行修改。另外,在推荐结束时,系统必须能够为结果的产生原因做出合理的解释说明。

基于知识的推荐属于静态推荐方法,因为其不依赖于用户的历史行为记录,所以避免了冷启动问题和数据稀疏问题。同时它能够更好地将用户的需求与实际的推荐进行结合。但与基于内容的推荐系统一样,其知识的获取过程是十分痛苦的,很多领域中都难获得全面且细致的领域知识,这也为基于知识的推荐的发展造成了困难。

5. 组推荐系统技术

组推荐系统是为群组提供推荐服务的一种推荐系统。组推荐要完成的主要任务是通过对群组特征和社会化因素的分析,将群组成员的偏好进行融合以尽可能满足整个群组成员的偏好。组推荐不同于传统推荐,其推荐对象为用户群组,需要在群组与所推荐的项目之间建立一个关系,即群组偏好。群组中包含多个用户,各个用户之间的兴趣偏好各不相同,如何由群组内各不相同的用户偏好得出群组偏好,并根据群组偏好为群组产生推荐成为了组推荐与传统推荐最大的不同之处,同时也是组推荐中的难点。表1-4 从推荐目标、用户偏好获取、用户偏好融合等方面对比了传统推荐系统与组推荐系统的不同之处。

表1-4 组推荐与传统推荐的不同

项目	组推荐	传统推荐
推荐目标	群组(多用户)	单一用户
用户偏好获取	偏好共享	偏好不共享
用户偏好融合	需要融合	不需要融合
推荐结果展示	共享方式	独立方式

组推荐中关键技术主要有：用户偏好获取、群组发现技术、偏好融合三大方面。

(1) 用户偏好获取

组推荐过程的第一步是获取群组中每一个用户的兴趣偏好，获取每位用户的兴趣偏好时，组推荐也采用了与个性化推荐相同的显示偏好获取与隐式偏好获取的方式。同时，组推荐还采用了偏好共享的方式获取兴趣偏好，偏好共享是将群组成员的兴趣偏好告知同群组内的其他群组成员，来帮助群组成员进行兴趣的发现。偏好共享能够起到偏好同化作用，促使群组成员的偏好趋于相似，有利于群组偏好的获取。

(2) 群组发现技术

群组是组推荐的推荐对象，其可由一位或多位用户组成，当只有一位用户时，组推荐系统也就成为了传统推荐系统。群组划分也就成为了组推荐中的关键性问题。一般将对用户进行群组划分的过程称之为群组发现。群组发现的目的是发现具有相同兴趣或相同目的的用户，并将他们划分入同一群组中。

(3) 偏好融合

在组推荐系统中，偏好融合是指根据用户群组成员的偏好提取群组偏好。组推荐的推荐产生需要借助于传统推荐的帮助，偏好融合的作用就是将群组中成员的个性化推荐进行融合，从而产生群组偏好。

组推荐的主要流程如图 1-11 所示。

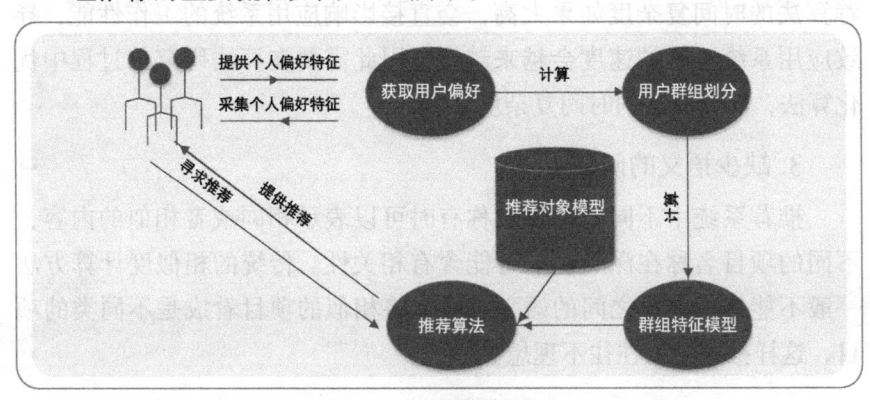

图 1-11　组推荐流程

(三) 推荐技术的主要问题

1. 个性化推荐矩阵的稀疏性和冷启动问题

在个性化推荐系统中，一般情况下用户的评分数据较少，因此用户评分所形成的矩阵比较稀疏，通常情况会在1%以下。由于用户评分数据的稀少会使相似度无法计算，或者会使计算的结果不精确，从而计算得出的邻居用户也就不准确。新用户没有学习行为及评分记录，无法根据评分矩阵来进行相似度计算。对于新用户，没有用户对项目的评分数据，也就是通常所说的冷启动问题，实际也是矩阵稀疏性问题的一个具体表现。因此在设计推荐算法的过程中，需要重点考虑个性化推荐矩阵的稀疏性以及项目的冷启动等问题。

2. 个性化推荐算法时间复杂度高的问题

传统的基于内容的推荐算法、协同推荐算法和混合推荐算法时间复杂度相对比较高，需要运算的数据量大。假设当进行相似度计算时，系统中有 M 个用户，N 个资源，如果为每个用户计算推荐资源需要计算的次数为 $M \times N$ 次。在性能分析测试时，假如使用内存4G、CPU intel i3 2.3G 的测试机，用户特征向量50个，资源特征向量为10个，完成1万次相似度计算需要368毫秒。如果10万用户，1万个资源，则计算时间大约10个小时，因此必须考虑对算法进行优化。个性化推荐算法的时间复杂度如果太高，会直接影响应用系统的工作性能，导致应用系统运行的速度会越来越慢，因此需要在算法研究的过程中优化算法，降低算法的时间复杂度。

3. 缺少语义的问题

推荐系统中不同的项目名称有时可以表示相同或者相似的内容，不同的项目名称在深层次上可能含有相关性。传统的相似度计算方法一般不能发现项目之间的语义关联，将相似的项目看成是不同类的项目，这样推荐结果往往不理想。

（四）推荐系统的评价

对于推荐算法的评价，常用的推荐评价指标如下。

1. RMSE（root mean square error）均方根误差

RMSE 用来计算预测值和真实值之间的偏差，其值越低，说明预测值与实际值之间差距越小，即预测准确度越高，反之，预测准确度越低。

$$\text{RMSE} = \sqrt{\frac{1}{Nt} \sum_{(i,a)} |v_{ia} - r_{ia}|^2} \qquad （公式 1.15）$$

其中，Nt 为群组中用户-项目对（i,a）的个数；（i,a）为群组中用户 i 关注了项目 a；V_{ia} 为用户 i 对项目 a 的预测评分；r_{ia} 为用户 i 对项目 a 的实际评分。

2. MAE(mean absolute error) 平均绝对误差

MAE 用于度量预测评分和测试集中用户真实评分的平均绝对偏差，MAE 值越小表示预测越准确。

$$\text{MAE} = \frac{1}{N} \sum_{a=1}^{N} |v_{ia} - r_{ia}| \qquad （公式 1.16）$$

其中，N 为群组中成员个数；V_{ia} 为组成员对项目 a 的预测评分；r_{ia} 为组成员对项目 a 的实际评分。

3. DCG（discounted cumulative gain）折扣累积获得，nDCG（normalized DCG）正则化的折扣累积获得

DCG 和 nDCG 都是用户衡量群组推荐清单排名的策略。

$$\text{DCG}_n^u = r_{uc_1} + \sum_{i=2}^{n} \frac{r_{uc_i}}{\log_2(i)} \qquad （公式 1.17）$$

$$n\text{DCG}_n^u = \frac{\text{DCG}_n^u}{\max(\text{DCG}_n^u)} \qquad （公式 1.18）$$

其中，r_{uc_i} 表示用户 u 对推荐列表上第 i 个位置上的项目 c 的真实评分；max（DCG）表示 DCG 最大值，是 n 个项目在推荐列表中的最优排序。

五、个性化推荐技术的改进与实验

(一)基于协同过滤推荐技术的改进算法研究和实验验证

1. 基于协同过滤推荐技术的改进算法研究

为缓解个性化系统中存在的矩阵稀疏、算法时间复杂度高以及缺少语义等问题,在研究经典的协同过滤推荐算法基础上,提出基于用户属性信息以及兴趣主题联合相似度的协同过滤推荐算法,并通过实验仿真验证该算法的效率。

(1) 算法设计思路

具体的思路是依据用户兴趣模型中用户属性信息和感兴趣的主题来计算相似度,从而得到目标用户的近邻集合。然后,采用协同过滤技术在被推荐目标用户的邻居集合中,依据用户的评分数据找到被推荐用户喜欢的视频资源集合,并在近邻用户中依据相似度计算方法找到相似度高的教学资源,预测目标用户对相似度高的教学资源评分,将预测分值排序靠前的教学资源列表提供给目标用户。基于用户属性信息和兴趣主题联合相似度的协同过滤推荐算法在一定程度上能够缓解个性化推荐系统存在的以下问题。

① 缓解评分矩阵的稀疏性和新用户问题

该算法在用户对教学资源评分数据稀少的情况下,可以依据用户兴趣模型中的属性信息和感兴趣主题计算相似度,将距离目标用户较近用户感兴趣的教学内容信息推荐给目标用户。针对新用户使用个性化系统面临的冷启动问题,新用户对教学资源没有评分数据,可以根据用户注册时候提供的基本属性信息来计算用户之间的相似性,依据近邻用户的偏好特征信息推荐资源,同时也可以推荐热门的学习资源,根据用户的属性信息,匹配领域本体中相关程度较高的视频教学资源。并且,在原型系统设计实现时,增加用户需求反馈模块,通过获取用户最直接的需求信息动态更新用户兴趣模型,从而提高模型的精准性。

② 缓解个性化推荐算法的时间复杂度高的问题

与计算整个项目空间的用户相似度的协同过滤推荐算法相比，本书在计算用户之间相似度时依据用户兴趣模型中用户属性信息和感兴趣的主题，从而得到近邻用户。在部分近邻用户中再计算用户感兴趣的教学资源，将排序居前的教学资源提供给目标用户，算法执行运算空间的范围缩小，因而缓解了算法时间复杂度高的问题。

③ 缓解缺少语义的问题

本书利用构建的远程教育教学资源领域本体来组织教学资源，领域本体中明确定义了资源各节点的概念以及之间的相互关系，同一类别的教学资源在领域本体层次树中位于同一概念结点下，同时依据远程教育教学资源领域本体的结构来计算教学资源之间的语义相似性，从而缓解了用户兴趣模型缺少语义的问题。

(2) 算法设计流程

基于用户属性及兴趣主题联合相似度的协同过滤推荐算法如图 1-12 所示，根据用户兴趣模型中的属性信息和感兴趣的主题来计算相似度，相似度的计算包括两部分：一部分是在远程教育教学资源领域本体环境下，计算用户感兴主题的相似度；另一部分是计算用户兴趣模型中的用户基本属性信息相似度，将两部分的相似度进行联合相似度计算，从而得到整体相似度，也就获取到目标用户的相邻用户集合。接下来，依据用户兴趣模型中对于教学资源的评分数据找到被推荐用户喜欢的视频资源集合，并在近邻用户中依据相似度计算方法找到相似度高的教学资源，预测被推荐用户对相似度高的教学资源评分，将预测评分高的教学资源推荐给用户。

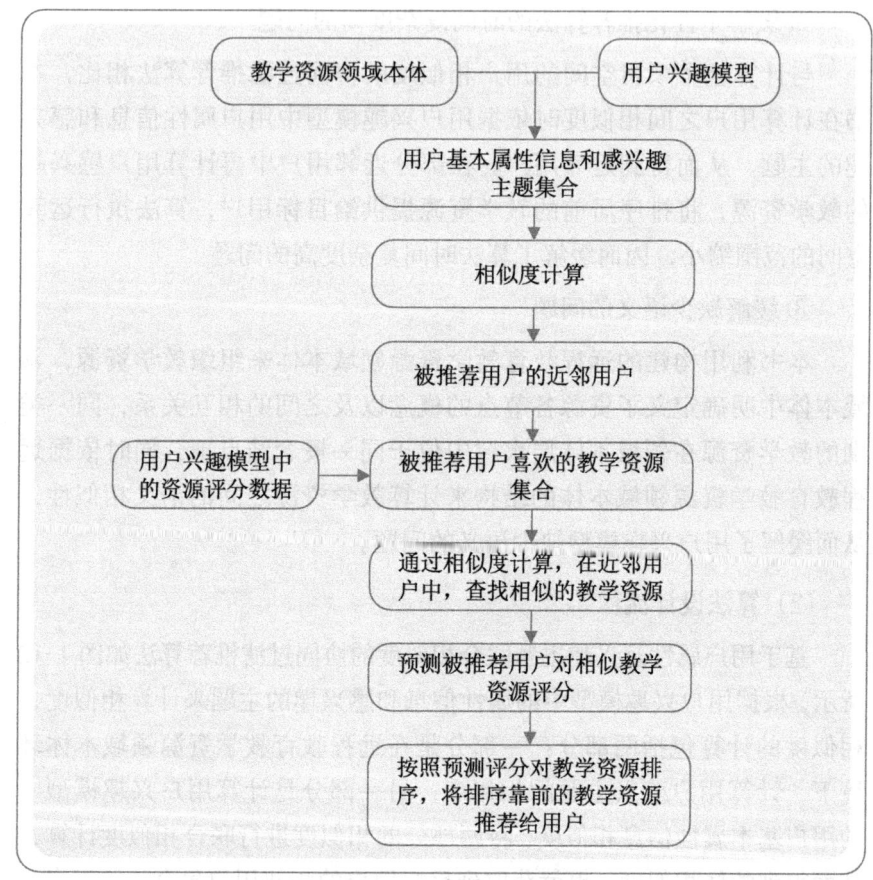

图 1-12　基于用户属性信息和兴趣主题联合相似度的协同过滤推荐算法流程

(3) 用户基本属性信息和感兴趣主题相似度计算方法

① 用户基本属性信息相似度计算

在用户的兴趣模型中,用户的基本属性信息包括用户的性别 Sex、年龄 Age、从事农业生产类型 Profession、农业经营主体类型 Type 和用户的好友 Friend,将这些信息以向量的方式进行表示,将属性信息以数字化的方式进行处理,根据实际情况,将不同的属性信息设置不同的权重。也可以根据应用具体情况,增加或者减少相应的属性信息。相似度计算应用余弦相似度计算方法,可以计算得出用户之间的属性信息综合相似度，计算方法见公式1.19：

$$\text{UPsim}(P_m, P_n) = \frac{\sum_{i=1}^{5} D_{mi} \cdot D_{ni} \cdot W_i^2}{\sqrt{\sum_{i=1}^{5}(D_{mi} \cdot W_i)^2} \sqrt{\sum_{i=1}^{5}(D_{ni} \cdot W_i)^2}}$$
（公式1.19）

$\text{UPsim}(P_m, P_n)$ 表示的是用户 m 和用户 n 的属性信息相似度，D_{mi} 表示用户 m 的第 i 个属性信息的数字化表示，D_{ni} 表示用户 n 的第 i 个属性信息的数字化表示，W_i 表示第 i 个信息在用户属性信息中所占的权重。

② 用户感兴趣主题相似度计算

在用户兴趣模型中，每个用户感兴趣的主题都被赋予了一定的权重，结合领域本体和用户对感兴趣主题的评分来计算用户感兴趣主题的相似度。本书依据Ganesan（2003）提出的方法在领域本体环境下计算主题的语义相似度，假设远程教育教学资源领域本体环境下，用户感兴趣的主题集合为 $IS = \{S_1, S_2, \cdots, S_n\}$，$\text{NCA}(S_m, S_n)$ 表示两个感兴趣主题 S_m 与 S_n 在教学资源领域本体层次树中关于公共祖先结点最近的一个，兴趣主题 S_m 与 S_n 在领域本体中的语义相似度可以通过的公式1.20表示：

$$\text{ISsim}(S_m, S_n) = \frac{2\text{Depth}[\text{NCA}(S_m, S_n)]}{\text{Depth}(S_m) + \text{Depth}(S_n)}$$
（公式1.20）

$\text{ISsim}(S_m, S_n)$ 表示兴趣主题 S_m 与 S_n 的语义相似度，$\text{Depth}(S_m)$ 表示从树中根节点到用户主题 S_m 的路径长度，$\text{Depth}(S_n)$ 表示从根节点到用户主题 S_n 的路径长度，$\text{Depth}[\text{NCA}(S_m, S_n)]$ 是从树中根节点到 S_m 与 S_n 的最近公共祖先结点路径长。$\text{ISsim}(S_m, S_n)$ 的取值范围为 [0,1]，当 $S_m = S_n$ 时，也就是两个主题相同时，$\text{ISsim}(S_m, S_n) = 1$。兴趣主题之间的相似度大小随着公共祖先结点层次深度的变大而增大。

③ 近邻用户集合产生

在计算用户属性信息相似度和用户感兴趣主题相似度以后，需要对这两种相似度进行综合计算联合相似度,依据联合相似度数值由大到小排序,从而产生被推荐目标用户的邻居用户集合。用户 m 和 n 的联合相似度计算方法如公式 1.21 所示:

$$USsim(m, n) \alpha \cdot UPsim(P_m, P_n) + (1-\alpha) \cdot ISsim(S_m, S_n) \quad (公式1.21)$$

$USsim(m, n)$ 表示用户 m 和用户 n 的联合相似度,$UPsim(P_m, P_n)$ 用户 m 和用户 n 用户属性信息相似度,$ISsim(S_m, S_n)$ 是用户 m 和用户 n 的兴趣主题相似度,α 为调节因子数值范围 $0 \leq \alpha \leq 1$,当 α 数值是 0 时,完全利用用户的兴趣主题来计算相似度,当 α 数值是 1 时,利用用户的属性信息来计算相似度。在个性化学习系统应用初期,用户的感兴趣主题以及评分数据较少,α 的取值可以适当调大。当系统经过长时间的应用推广,系统使用者的数量以及使用者的评分数据相对比较多时,用户兴趣模型中感兴趣的主题也较多,可以适当调小 α 值。对于新用户刚使用个性化学习系统,可以完全依赖于用户的基本属性信息来计算用户之间的相似度,从而可以在一定程度上缓解由于新用户而导致的冷启动问题。

(4)基于近邻用户的协同过滤推荐方法

基于近邻用户的协同过滤算法实现流程见图 1-13,设定系统中的资源集合是 $\{V_1, V_2, \cdots, V_m\}$,用户集合是 $\{U_1, U_2, \cdots, U_m\}$,为用户 U_k 进行推荐的步骤如下。

① 收集并表示用户的评分数据

收集用户对于视频教学资源的评分,评分数据有显式及隐式两种方式,显示评分数据是用户直接通过界面的评分功能对视频资源进行评分。隐式评分数据是用户将视频加入学习计划、加入收藏夹等操作动作,由系统代替用户为此视频评分,这种操作一般默认为用户对视频教学资源的打分分值为最高。例如,用户 U_k 对教学资源的打分集合为 $\{(V_1, P_1), (V_2, P_2), \cdots, (V_m, P_m)\}$,其中 P 为用户对视频资源的打分分值。得到所有资源的评分数据,如 V_k 的打分数据为 $R_k = \{(U_1, P_1), (U_2, P_2), \cdots (U_n, P_n)\}$。

② 从评分数据中得到 U_k 喜欢的视频资源集合 $\delta = \{V_x,\cdots,V_y\}$。

③ 计算用户对教学资源的预测评分

根据每个视频资源的评分数据，在 δ 中查找每个资源的相似资源，并从中去除掉 U_k 已评分的资源，得到备选的推荐资源集合 $\varepsilon = \{V_i,\cdots,V_j\}$ $\varepsilon = \{V_i,\cdots,V_j\}$。应用修正的余弦相似度方法计算相似度。预测用户 U_k 对 $\varepsilon = \{V_i,\cdots,V_j\}$ 中每个资源的评分。读取 U_k 喜欢的视频 $\varepsilon = \{V_m,\cdots,V_n\} \in = \{V_m,\cdots,V_n\}$。预测 U_k 对 $V_h(V_h \in \varepsilon)$ U_k 对 $V_h(V_h \in \varepsilon)$ 评分的公式：

$$S = \frac{\sum_{i=m}^{n}(S_{hi} \cdot V_{ki})}{\sum_{i=m}^{n} S_{hi}} \quad (公式1.22)$$

其中，S_{hi} 为 V_h 与 $V_i(V_i \in \varepsilon)$ 的相似度，V_{ki} 为 U_k 对 V_i 的评分。

④ 读取评分最高的 N 个视频资源进行推荐

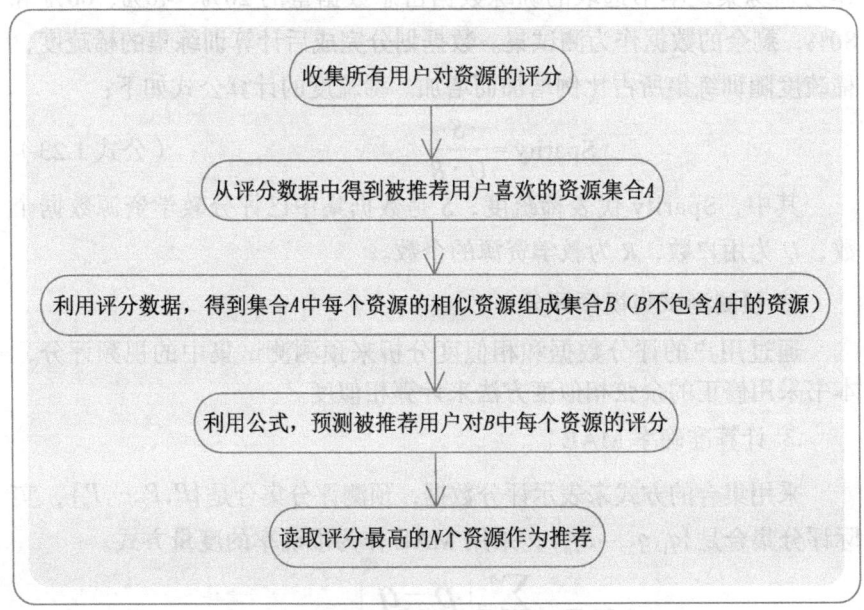

图1-13 基于近邻用户的协同过滤推荐方法流程

2. 协同过滤推荐算法效果实验验证

为了验证基于用户属性和兴趣主题联合相似度的协同过滤推荐算法效果，应用远程教育学习平台用户的历史学习数据进行算法验证，衡量个性化推荐算法的好坏，一般采用准确率和覆盖率两个指标，通过实验数据来测试算法的准确率和覆盖率。本书从远程教育平台中抽取 10 000 条用户学习基础数据作为测试数据集，包括了 845 个用户和 1 436 个视频教学资源，用户的评分数据分为 5 个等级，评分数据级别的大小反映了学习者对于教学资源的偏好程度。

（1）具体实验步骤

① 划分训练集和测试集

用户评分矩阵的稀疏度具有差异性，为了仿真验证个性化推荐系统的实际运行状况，检查应用系统在输入数据量不一样的前提下，对系统工作性能所产生的影响。将测试数据集随机取出固定比例的记录作为训练集，本书选取的训练数据占总数据量的 20%、40%、60% 和 80%，剩余的数据作为测试集。数据划分完成后计算训练集的稀疏度，稀疏度随训练集所占比例增加而增加。稀疏度的计算公式如下：

$$\text{Sparity} = \frac{S}{U \cdot R} \quad \text{（公式 1.23）}$$

其中，Sparity 代表稀疏度，S 是数据集中已评分教学资源数据个数，U 为用户数，R 为教学资源的个数。

② 预测测试集视频评分

通过用户的评分数据和相似度分析来预测测试集中的视频评分，本书采用修正的余弦相似度方法来计算相似度。

③ 计算准确率 MAE

采用集合的方式来表示评分数据，预测评分集合是 $\{P_1, P_2, \cdots, P_n\}$，实际评分集合是 $\{q_1, q_2, \cdots, q_n\}$，采用 MAE 作为准确率的度量方式。

$$\text{MAE} = \frac{\sum_{i=1}^{n} |p_i - q_i|}{N} \quad \text{（公式 1.24）}$$

④ 计算覆盖率

测试集中能够被预测评分的记录数量占所有被预测评分测试记录数量的比例为预测覆盖率。假设测试集中能够被预测评分的记录总数记为 N_d，测试集中的被预测评分测试记录为 N。则预测覆盖率 Coverage 计算公式如下：

$$\text{Coverage} = \frac{N_d}{N} \qquad (公式1.25)$$

⑤ 对用户的预测评分进行筛选过滤，并计算准确率和覆盖率

在实际使用算法进行推荐时，由于用户本身的评分原因，为用户预测的视频评分都很低，可能会向用户推荐这些低分段视频，这些并不是用户真正想要的教学资源。所以，在实际使用算法进行推荐时，需要对低分段视频进行过滤，而不去推荐这些视频。研究对预测评分筛选后的准确率和覆盖率，主要目的是获得明确的影响推荐效果的因素。这样的过滤方式，会降低预测覆盖率。在 5 分制的测试数据集中，一般认为 1~2 分为用户不喜欢的评分集合，3~5 分为用户喜欢的评分集合。所以本次测试筛选预测评分的分界点为 2 分，将≤2 分的预测评分筛选过滤掉，然后计算剩余视频预测评分的预测准确率和预测覆盖率。

⑥ 测试分类后的推荐准确率和覆盖率

在协同过滤推荐系统应用过程中，用户更关注的是用户本身对预测视频的喜好，用户不希望的是将喜欢的视频预测为不喜欢，或者将不喜欢的视频预测为喜欢。而准确率反映预测分数与真实分数之间差异的平均水平，预测分数会在真实分数上下波动，这就会造成对用户偏好视频预测不准的结果，会将用户喜欢的视频预测为不喜欢或将用户不喜欢的视频预测为喜欢。因此本测试先将测试集的视频和预测结果的视频按评分分为两类，分别为喜欢（3~5 分）或不喜欢（1~2 分）。比较测试集的每个用户的视频分类属性是否与预测结果的分类属性相同。相同则为正确，不同则为错误。然后计算算法的准确率及其覆盖率，覆盖率依旧采用预测覆盖率计算方式。

(2) 实验结果与分析

① 未经筛选预测评分准确率和覆盖率结果与分析

按照实验步骤,获得不同训练集比例下的准确率和覆盖率数据,如表 1-5 所示。

表 1-5　不同训练集比例下的准确率和覆盖率

训练集所占比例/%	训练集稀疏度/%	准确率	覆盖率/%
20	1.50	0.831 3	96.43
40	2.77	0.823 0	98.90
60	3.91	0.814 1	99.53
80	5.16	0.813 8	99.58

得出训练集所占比例(稀疏度)对准确率和覆盖率的影响曲线,如图 1-14 和图 1-15 所示。

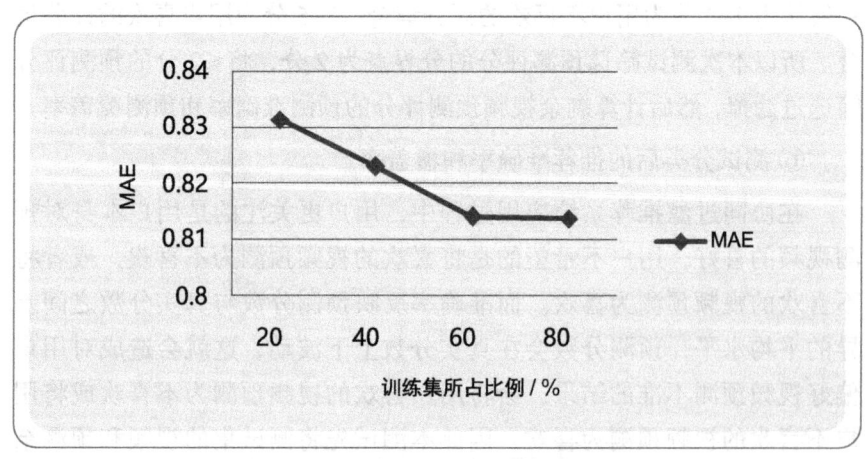

图 1-14　稀疏度对准确率的影响曲线

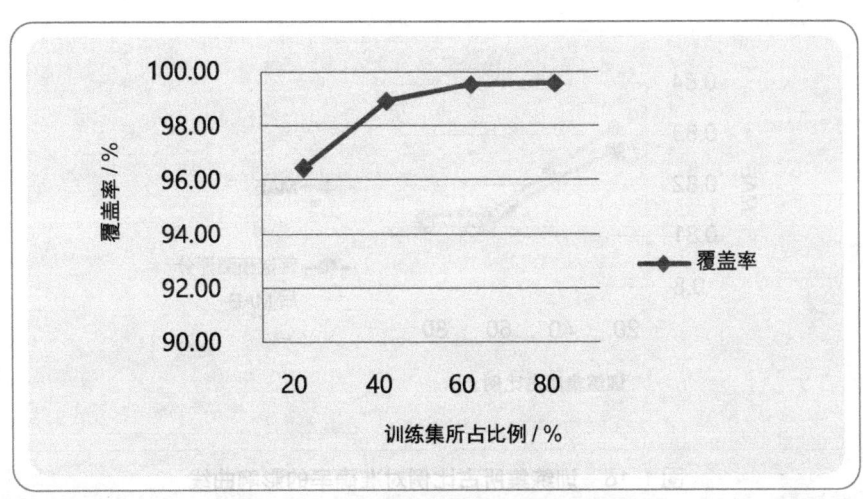

图 1-15　稀疏度对覆盖率的影响曲线

随着训练集所占比例的增加（稀疏度增加），准确率 MAE 逐渐变小。因此说明随着稀疏度增大，算法的准确率降低，覆盖率增大。但在稀疏度较高时，变化趋势平缓。

② 筛选预测评分后，准确率 MAE、覆盖率结果与分析

按照实验的测试步骤，筛选预测评分后的准确率 MAE 和覆盖率，测试结果如表 1-6 所示。

表 1-6　筛选预测评分后的准确率 MAE 和覆盖率

训练集所占比例/%	训练集稀疏度/%	MAE	筛选预测评分后 MAE	覆盖率/%	筛选预测评分后覆盖率/%
20	1.50	0.8313	0.8267	96.43	95.03
40	2.77	0.8230	0.8209	98.90	97.95
60	3.91	0.8141	0.8119	99.53	98.69
80	5.16	0.8138	0.8123	99.58	98.97

得出训练集所占比例（稀疏度）对 MAE 和筛选预测评分后 MAE 的影响曲线，如图 1-16 和图 1-17 所示。

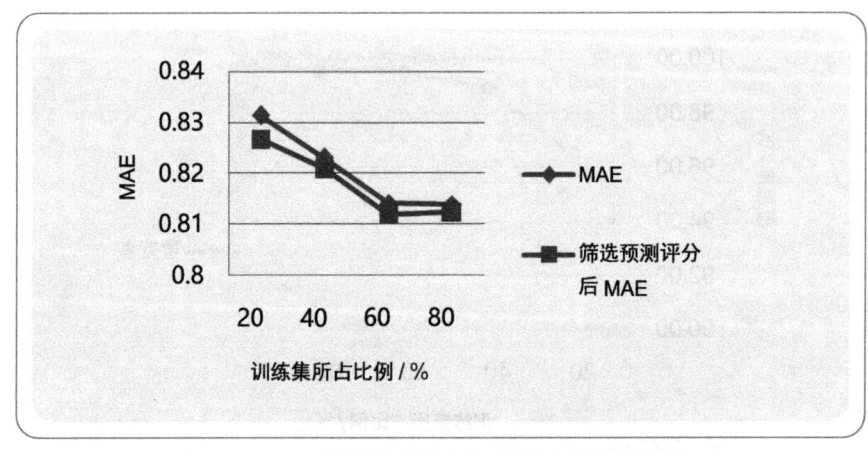

图 1-16　训练集所占比例对准确率的影响曲线

得出训练集所占比例（稀疏度）对覆盖率和筛选预测评分后覆盖率影响曲线。

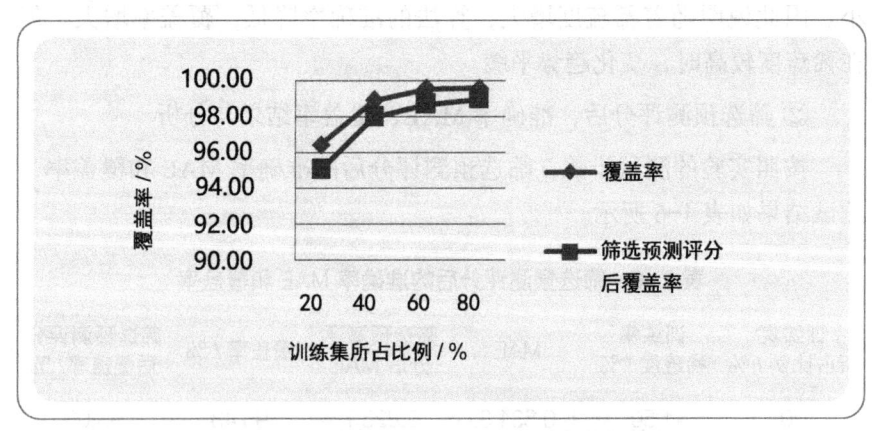

图 1-17　训练集所占比例对覆盖率的影响曲线

筛选预测评分后，随着训练集所占比例的增加（稀疏度增加），准确率 MAE 呈现下降的趋势，整体趋势基本与未筛选预测评分前相同，在稀疏度较高时，变化趋势趋于平缓。筛选预测评分后，覆盖率整体比筛选前的覆盖率降低。

③ 视频评分分类后，准确率与覆盖率结果

对测试集的视频和预测结果的视频按评分分类后，推荐的平均准确率为 82.91%，平均覆盖率为 98.61%，数据如表 1-7 所示。

表 1-7 不同稀疏度条件下的准确率和覆盖率

训练集所占比例 / %	训练集稀疏度 / %	准确率 / %	覆盖率 / %
20	1.50	83.16	96.43
40	2.77	82.70	98.90
60	3.91	82.99	99.53
80	5.16	82.78	99.58

（3）测试结论

基于用户属性信息和兴趣主题联合相似度的协同过滤推荐算法的预测精度 MAE 和覆盖率随着数据集的稀疏度变化会表现出较明显的差异，稀疏度对测试结果影响很大。本书测试结果表明，随着数据集稀疏度的增大，算法的准确率降低，覆盖率增大，但在稀疏度较大时，预测精度和覆盖率变化趋势平缓。根据本书研究的个性化推荐算法，按照用户喜好对测试集和预测结果分类后进行测试，算法的准确率和覆盖分别为 82.91% 和 98.61%。

（二）基于序列分析的个性化推荐算法研究和实验验证

1. 基于序列分析的个性化推荐算法研究

农民在远程教育学习的过程中，会根据自身生产和生活实际的需求，产生一系列相关联的连续学习活动。例如，对于北京市平谷区的用户，从事桃子生产的农户所占比例较高，他们学习完桃树的修剪后，一般还会学习桃树的管理和施肥，桃树的病虫害防治，桃子的销售以及储藏加工等教学资源。因此，根据用户的学习序列，为他们推荐感兴趣的教学资源，满足他们生产和生活的实际需求，具有重要的意义。

本书在分析和研究经典序列分析算法的基础上，优选 Prefixspan 算法作为序列分析推荐算法，通过分析处理用户的学习行为，找出用户学习的教学资源之间的关联关系，将符合用户学习特征的教学资源序列提供给用户，满足用户对于远程教育教学资源个性化的学习需求。通过远程教育平台的基础数据进行实验分析，实验结果表明在远程教育个性化学习系统设计序列推荐时，最小支持度阈值设计在 0.003%～0.004% 时，兼顾了推荐的准确率和覆盖率，推荐的效果较为理想。

（1）序列分析算法

序列分析主要是从用户大量的历史数据中发现令人感兴趣的某种关联，发现的模式一般用关联规则或者频繁项集的形式表示。序列分析技术可以广泛应用于生物信息学、网站信息挖掘、科学数据计算分析等领域。常用的关联规则算法有 Prefixspan、Apriori、GSP、SPADE、Tree Projection、FP-tree 等（冷亚军，2013）。在频繁数据项处理分析方面，影响力比较大的是 Apriori 序列分析算法（Agrawal，1994），为了提高该算法的工作性能，一些研究者针对在数据集查找过程中的重复查找候选项问题，采用哈希散列技术对频繁数据项挖掘进行优化，从而压缩了频繁数据项存储所占的空间，同时有效提高了频繁数据项的查询效率（Shintani，1998；Berzal，2001；Holt，2002）。

Prefixspan 序列分析算法的时间和空间复杂度要优于 Aprior、GSP 和 SPADE 算法，与 SPADE 和 GSP 算法相比较，对于硬件资源的内存消耗相对较小而且比较稳定。Prefixspan 序列分析算法的高效，主要表现在其不会产生候选序列模式增长，采用的是基于投影分治作为减少数据的有效方法，该算法的搜寻空间限定在一组投影数据库中，投影数据库会随着挖掘模式的增加而迅速减少。与 Prefixspan 算法相比较，优先集算法每次在迭代过程中都会查询原始数据库，这样就会查找出大量无关的序列，增加系统的开销。由于 Prefixspan 算法用分治方法进行搜索查询，因此不产生候选序列，对内存的消耗相对比较稳定。而 SPADE 和 GSP 算法，当支持度数值降到较小的时候，产生和查询候选序列时需要消耗很大的内存资源。Prefixspan 算法应用的是基于前缀的投影方式，相对使用连续模式定位投影方法 Prefixspan 来说，算法运行效率较高。因此本书优选基于 Prefixspan 序列分析算法来实现远程教育个性化学习教学资源序列推荐。也有学者将序列分析的关联规则模式挖掘称为基于数据库的知识发现（KDD）（Zhang，2007）。

(2) 几个序列分析相关概念

在处理序列分析的时候，经常用到以下几个概念。

①事务（Transaction）

事务是数据库中具体的数据记录 T_i，T_i 对应数据项集合子集 I，记作 $T_i \in I$。

②项集（Itemset）及其 k- 项集（k-Itemset）

项集是数据项集合 I 的子集，假设项集中有 k 个子项，记做 k-项集（k-Itemset），k-项集的表示方法为：

$$I_k = \{I_1, I_2, \cdots, I_k\}$$ （公式 1.26）

其中，$I_k \in I$，I_k 是 I 的一个子集。

③关联规则（Association Rule）

关联规则的表达方式是 $A: I_a \to I_b$，其中，$I_a, I_b \subseteq I$，$I_a \cap I_b = \varnothing$，$I_a$ 是规则 A 的前项，I_b 是规则 A 的后项，那么我们可以得出这样的判断，如果某一特定事务含有项集 I_a，那么同时含有 I_b 的可能性较大。

④支持度（Support）

假定规则 M 的项集合是 $I_a \subseteq I$，I_a 的支持度的含义实际是 I_a 在事务数据库 D 中出现的比例，支持度的表达式如公式 1.27 所示：

$$\text{Support}(I_a) = \frac{\|\{T_i \mid I_a \subseteq T_i, i=1,2,\cdots,m\}\|}{\|D\|}$$ （公式 1.27）

⑤频繁项集（Frequent Itemset）

频繁项集是在事务数据库 D 中满足最小支持度阈值（Minimum Support）的所有非空项集，一般也称为频繁模式或者频繁序列，具有 b 个数据项的频繁项集即为频繁 b-项集（Frequent b-Itemset），表达式如下所示：

$$I_b = \{I_i \mid \text{Support}(I_i) \geqslant \text{Sup min}, i = 1, 2, \cdots, m\} \quad （公式 1.28）$$

（3）Prefixspan 算法的实现过程

算法输入条件：序列基础数据库 Seq 以及最小支持度阈值 Min_sup

算法输出：在最小支持度阈值条件下的序列模式

实现方法：调用函数 Prefixspan (<M>, o, Seq)

实现函数：Prefixspan (S, L, Seq|A)

算法参数说明：

S：是一个序列模式。

L：是序列 S 的长度。

Seq|S：当 S ≠ <M> 时，Seq|S 是 S 的投影数据库。当 S=<M> 时，Seq|S 是序列数据库 Seq。

算法的实现步骤：

首先，程序对数据库 Seq|S 操作查询得到不间断的项 N 并与 S 连接组合生成新的序列。

对于前面生成的连续项 N，将其添加到序列模式 S 上从而形成 S1，同时将 S1 输出来。

对于前面生成的每一个 S1，创建一个关于 S1 的投影数据库 Seq，同时通过程序递归的方式调用 Prefixspan(S1, L+1, Seq|S1)

（4）远程教育个性化学习序列推荐整体架构

① 视频学习数据处理

要使序列分析算法能够为用户高效地挖掘出有价值的知识，必须为序列分析算法提供规范、准确、干净、简洁的源数据，本书所用的测试数据来源于远程教育用户学习的教学资源视频事务集。由于远程教育用户学习视频时间和数量是不完整、不规则的，需要对用户学习记录数据集进行预处理。

② 序列模式挖掘

个性化视频推荐是针对用户的学习资源推荐，而用户最后一次学习的视频是具有重要参考价值的，优先选择用户最后一次学习视频，但是如果只选择用户最后学习的一个视频为依据，那么准确性不高，如果对最后观看的视频序列进行推荐，就能够有效地提高教学资源推荐的准确性。但是用户序列过长，会在序列分析算法中增加计算次数，而使系统的时间复杂度过高，从而影响系统的工作效率。用户学习观看视频数量的多少和时间具有不确定性，所以最后学习视频序列长度不容易确定。通过对用户学习过的所有视频记录数据做处理，计算出用户每天观看视频数量的平均值作为序列长度来生成用户序列相对比较科学，因此，以用户最后学习视频记录为序列开始，用户平均每天观看的视频数量作为序列长度，倒序生成用户序列进行数据处理和推荐。

③ 使用 Prefixspan 算法处理数据

通过对用户视频学习的基础数据库进行数据统计，计算出用户平均每天学习视频教学资源的个数，作为用户序列的长度，用户登录学习后，获取用户的 ID 信息，最后一次记录所对应的视频标识作为序列的开始，倒序生成用户序列并将其作为算法中的频繁序列，将定时任务处理好的序列作为序列数据库，将上述的频繁序列和序列数据库作为 Prefixspan 算法的参数，生成频繁序列保存到频繁序列数据库。

④ 用户个性化推荐与分析

用户个性化分析就是通过用户学习产生的序列，与通过 Prefixspan 算法对初始数据处理生成的最大频繁序列进行相似性比较，最终通过特定规则来选取合适的视频集合，在视频集合中找到系统设置指定数量的视频推荐给用户。

⑤ 利用可信度选取视频

在最大频繁序列中，其中包含父序列本身的投影序列和所有子序列的投影序列，按父序列和子序列包含父序列规则，单项的数量和单项的顺序生成相似度值，按照相似度的高低给所有频繁序列排序，推荐过程中按相似度高低优先选取父序列的投影序列，然后递归分别选取各级子序列投影序列。在选中的序列中进一步利用支持度来选取视频。

⑥ 利用支持度选取视频

用户序列或用户序列的子序列有 1 个到多个投影序列，在投影序列中用户最后一次学习的视频序列后面会有多个用户学习的视频序列，获取到每个视频教学资源的最大频繁序列，得到每个长度为 1 的序列出现的次数。可以将用户最后一次观看的视频 ID 后出现的序列次数作为支持度值。在序列长度相同的情况下，优先选取支持度高的视频推荐给用户，当推荐数量不满足系统要求数量时，可以依次选取支持度低一等级的序列推荐，直至达到满足推荐要求后结束。

⑦ 候选项过少时的处理方法

在系统运行初始阶段用户学习记录数量过少，或注册用户量不大、观看数量较少时，会出现候选序列推荐出的视频数量不能满足需求的情况。可以减少用户序列长度，降低和频繁序列的比较约束，增大满足包含用户序列范围。也可以选择用户序列或子序列的投影数据库中的后续序列。新用户注册以后，由于之前没有学习记录，没有选取依据，无法与频繁序列数据库中的序列比较，可以考虑通过热点推荐等方式为用户推荐学习资源。

通过上述分析以及数据处理，最终能够筛选出与用户序列相似的由高到低的视频频繁序列，通过可信度和支持度过滤出可推荐视频集合，在集合中按系统设置的数量选取视频，并推荐给用户。个性化学习序列推荐整体架构如图 1-18 所示。

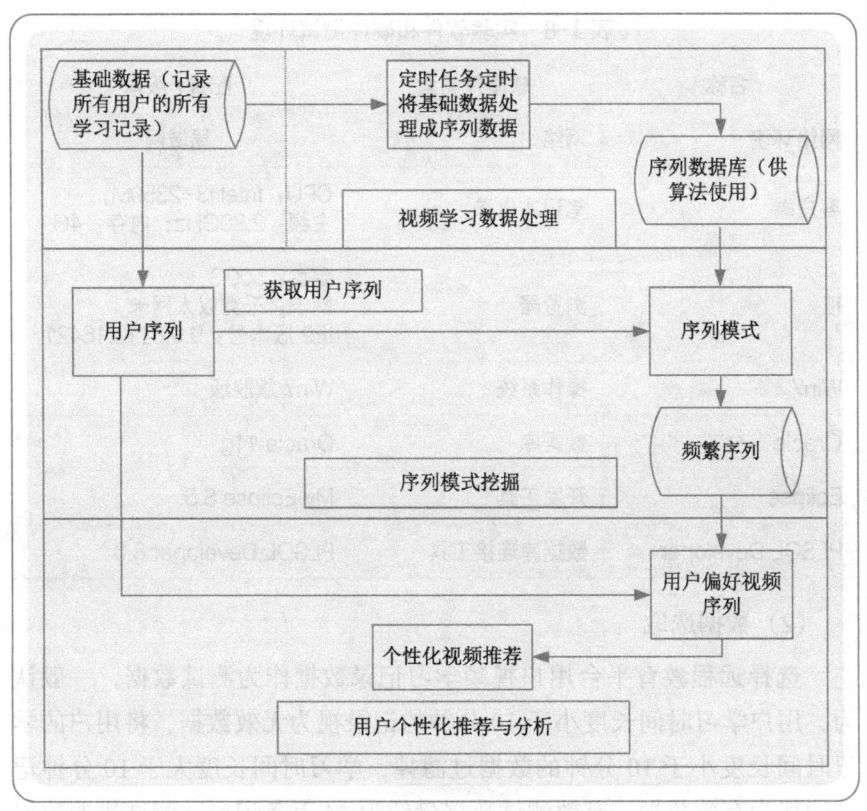

图 1-18 个性化学习序列推荐架构

2. 基于序列分析的个性化推荐算法实验设计

针对远程教育用户的个性化序列课程推荐需求，采用基于序列分析的个性化推荐算法。通过远程教育平台积累的用户历史行为数据进行验证。实验的主要目的：一方面，研究不通参数输入条件下对准确率和覆盖率的影响，找出最小支持度阈值设置合理范围，从而能够兼顾项目的准确率和覆盖率；另一方面，找出用户数据集组合和划分的科学化方法，从而提高系统的推荐性能和效果。

（1）实验环境

实验软件和硬件测试环境如表 1-8 所示。

表 1-8 实验软件和硬件测试环境

名称	软硬件类型	配置 / 版本
网络环境	网络	局域网
客户端	笔记本电脑	CPU：Intel i3-2350M；主频：2.30GHz；内存：4G
IE	浏览器	硬盘：500G 网卡：千兆以太网卡 IE9 版本号：9.0.8112.16421
Win7	操作系统	Win7 旗舰版
Oracle	数据库	Oracle 11g
Eclipse	开发工具	My Eclipse 8.5
PLSQL Developer	数据库连接工具	PLSQL Developer 8.0

(2) 数据选取

选择远程教育平台用户视频学习记录数据作为测试数据，一般认为，用户学习时间长度小于 10 分钟的记录视为无效数据，将用户的学习时间长度小于 10 分钟的数据过滤掉，学习时间长度大于 10 分钟记录的视为有效数据，有效测试数据量约为 44 万条记录。测试集的数据结构如下所示：

create table data
(
UBR_ID   NUMBER not null,
USER_ID   NUMBER,
USER_IP   VARCHAR2(32),
NET_TYPE   NUMBER,
RESOURCES_ID   NUMBER,
RESOURCES_TYPE   NUMBER,

```
RESOURCES_NAME  VARCHAR2(256),
VISIT_STARTTIME  TIMESTAMP(6),
VISIT_ENDTIME    TIMESTAMP(6),
VISIT_LONG       NUMBER,
CREATE_TIME      TIMESTAMP(6),
)
```

(3) 实验方法与步骤

① 选取训练集和测试集

对测试的数据集合进行划分，随机抽取占数据集总量 2/3 作为训练集，用于生成所需要的用户频繁序列，剩余 1/3 左右的数据用作测试集。

② 划分测试集

划分测试集采用两种方式进行划分，然后再分别进行测试，方法如下：

方法一：在测试集中，以用户 ID 为依据，找出每个用户每天学习视频的记录，将同一天学习的视频数合并，作为一天的浏览视频记录，并按时间的升序排列，去掉学习天数等于 1 的视频记录。将此记录分为两部分 P1 和 P2，P1 部分约占整个视频学习记录的 2/3，并且时间排序靠前，用于生成推荐视频。P2 约占整个视频学习记录的 1/3，并且时间排序靠后，用于评价生成的推荐视频。

方法二：在测试集中，以用户 ID 为依据，找出每个用户每天学习视频的记录，每个视频以逗号分隔区别，组成用户序列，也就是将用户学习的全部视频合并。将用户 ID 相同的记录合并，每个视频的具体发生时间可以忽略，仅保持每一天观看的视频之间的关系，组成序列数据。序列数据中的视频 ID，按照视频记录创建时间升序排列。将此序列数据分为两部分 P1 和 P2，P1 部分约占每个用户序列数据长度的 2/3，并且时间排序靠前，用于生成推荐视频。P2 部分约占每个用户序列数据长度的 1/3，并且时间排序靠后，用于评价生成的推荐视频。

③ 生成推荐视频

使用序列推荐算法程序，在训练集中运行，获得训练集的用户频繁序列。

使用序列推荐算法程序对 P1 推荐数据集进行推荐，推荐过程中使用训练集形成的频繁序列作为频繁序列数据库。

将 P1 数据集推荐出的视频集合记为 RS。

④ 计算准确率（Precision）和覆盖率（Coverage）

将 P1 数据集推荐出的视频集合记为 RS，P2 评价推荐视频的集合记为 US。教学资源推荐的 Precision 及其 Coverage 如下：

$$\text{Precision} = \begin{cases} 0 & RS \cap US = \varnothing \\ 1 & RS \cap US \neq \varnothing \end{cases} \quad （公式 1.29）$$

$$\text{Coverage} = \begin{cases} 0 & RS = \varnothing \\ 1 & RS \neq \varnothing \end{cases} \quad （公式 1.30）$$

最后得出所有推荐的平均准确率（Avg_Precision）和覆盖率（Avg_Coverage）为：

$$\text{Avg\_Precision} = \frac{\sum \text{Precision}}{\sum \text{Coverage}} \quad （公式 1.31）$$

$$\text{Avg\_Coverage} = \frac{\sum \text{Coverage}}{\text{The number of } P1} \quad （公式 1.32）$$

⑤ 研究不同参数对准确率和覆盖率的影响

影响本序列推荐算法准确率和覆盖率的参数主要是最小支持度阈值和推荐视频的个数。本书设计了两种实验方式对算法进行研究。

在最小支持度阈值固定不变的条件下，调整推荐视频的数量，设定视频推荐个数参数分别为 1、3、5、8、10，计算算法的准确率及覆盖率。在推荐视频数量不变的条件下，调整最小支持度阈值，设定最小支持度阈值参数分别为 0.003%、0.004%、0.005%、0.006%、0.007%，计算算法的准确率及覆盖率。

(4) 实验结果与分析

① 推荐视频数量不变,改变最小支持度阈值

通过对测试方案中的测试集进行划分,训练集共有 189 733 条记录。方法一中测试集 P1 共有 60 989 条记录,4 988 个用户。方法二测试集中 P1 有 61 626 条记录,5 757 个用户。视频推荐数量设置为 5,分别改变最小支持度阈值为 0.003%、0.004%、0.005%、0.006%、0.007%(视频序列长度为 6、8、10、12、14),测试后获得的方法一和方法二的准确率和覆盖率数据如表 1-9 所示。

表 1-9 推荐视频数量不变情况下的准确率和覆盖率数据

单位:%

最小支持度	方法一准确率	方法一覆盖率	方法二准确率	方法二覆盖率
0.003	33.83	61.11	35.46	61.92
0.004	33.63	51.44	35.52	53.53
0.005	35.36	42.30	39.62	44.68
0.006	38.02	35.91	43.63	38.58
0.007	38.74	30.43	44.50	33.61

得出最小支持度阈值对准确率和覆盖率的影响曲线,如图 1-19 和图 1-20 所示。

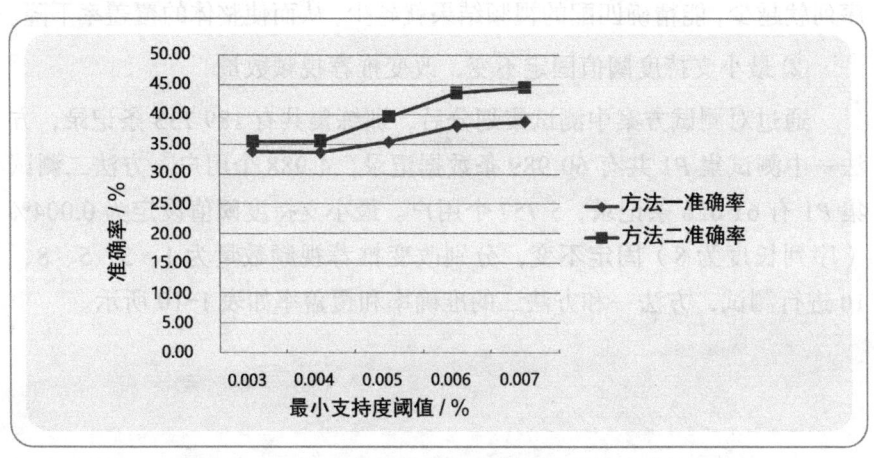

图 1-19 最小支持度阈值对准确率的影响曲线

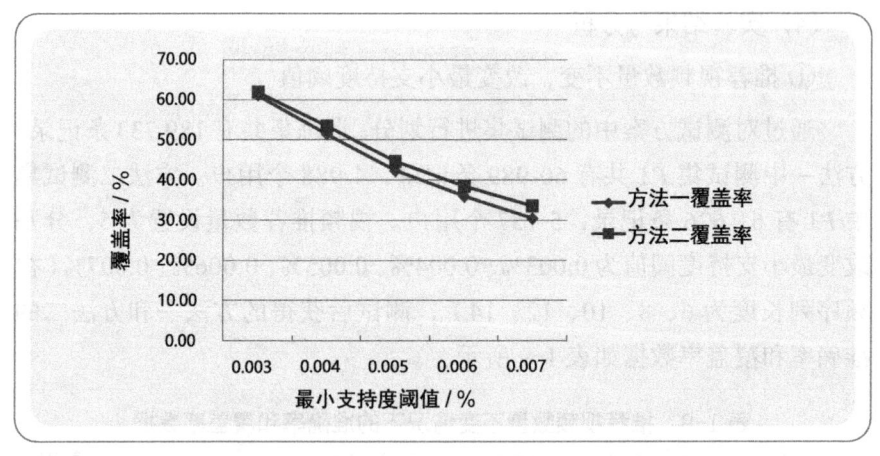

图 1-20 最小支持度阈值对覆盖率的影响曲线

当推荐视频数量相同时，改变最小支持度阈值，方法二的准确率和覆盖率好于方法一的准确率和覆盖率，方法二的测试效果较好。随着项目的最小支持度阈值增大，推荐的准确率也相应增加，原因是最小支持度阈值增加表明在推荐视频集合里视频符合用户偏好特征的概率越大，因而被用户学习的概率加大，所以准确率表现会变好。覆盖率随着最小支持度阈值增大而减小，原因是序列推荐是基于频繁序列匹配来产生推荐视频集，随着最小支持度阈值增大，用于推荐的频繁序列就越少，能精确匹配的视频结果就越少，从而使整体的覆盖率下降。

② 最小支持度阈值固定不变，改变推荐视频数量

通过对测试方案中测试集划分后，训练集共有 189 733 条记录，方法一中测试集 $P1$ 共有 60 989 条数据记录，4 988 个用户。方法二测试集 $P1$ 有 61 626 条记录，5 757 个用户。最小支持度阈值设定为 0.004%（序列长度为 8）固定不变，分别改变推荐视频数量为 1、3、5、8、10 进行测试，方法一和方法二的准确率和覆盖率如表 1-10 所示。

表 1-10 最小支持度阈值不变情况下的准确率和覆盖率数据

视频推荐数量/个	方法一 准确率/%	方法一 覆盖率/%	方法二 准确率/%	方法二 覆盖率/%
1	13.76	51.44	16.29	53.53
3	26.27	51.44	27.94	53.53
5	33.63	51.44	35.52	53.53
8	40.69	51.44	44.03	53.53
10	43.69	51.44	47.92	53.53

推荐视频数量对准确率和覆盖率的影响曲线如图 1-21 和图 1-22 所示。

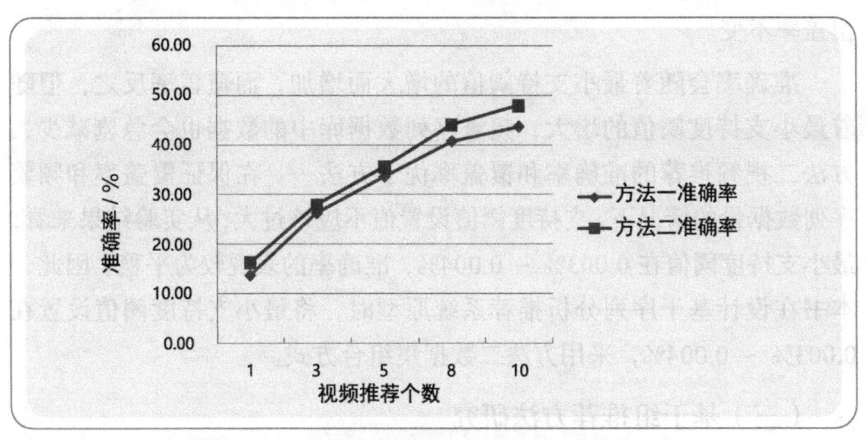

图 1-21 视频推荐数量对准确率的影响曲线

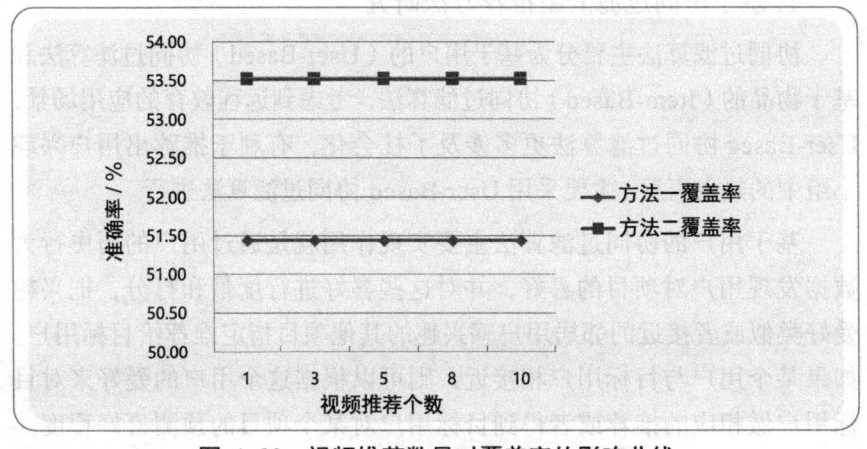

图 1-22 视频推荐数量对覆盖率的影响曲线

对比方法一和方法二的准确率与覆盖率,在最小支持度阈值不变的情况下,改变推荐视频数量,方法二准确率和覆盖率优于方法一。随着推荐视频数量的增加,准确率升高,原因是当推荐视频数量增加时,推荐视频集与评价推荐视频集相交的可能性越大,因此,准确率也就越高。当推荐视频数量增加时,覆盖率不变。因为当用户获得推荐视频时,就认为系统可以预测和覆盖该用户。而在筛选推荐视频时,采用递减序列方式筛选。因此当用户被推荐出一个视频时,无论推荐视频怎么变化,该用户都会有推荐结果。因而,随着推荐视频数量增加,覆盖率不变。

准确率会随着最小支持阈值的增大而增加,而覆盖率反之,但随着最小支持度阈值的增大,频繁序列数据库中的数据也会急剧减少,方法二视频推荐的准确率和覆盖率优于方法一。在保证覆盖率和频繁序列数据量的情况下,支持度阈值设置值不应该过大,从实验结果来看,最小支持度阈值在 0.003%~0.004%,准确率的表现较为平稳。因此,本书在设计基于序列分析推荐系统原型时,将最小支持度阈值设置在 0.003%~0.004%,采用方法二数据集组合方式。

(三)基于组推荐方法研究

1. 基于协同过滤的组推荐方法研究

协同过滤算法主要分为基于用户的(User-Based)协同过滤算法和基于物品的(Item-Based)协同过滤算法。考虑到远程教育的应用场景,User-Based 协同过滤算法更多涉及了社会化,有利于推荐出用户兴趣小组中的热点资源,主要采用 User-Based 协同过滤算法进行。

基于用户的协同过滤算法主要实现作用就是通过用户的历史行为数据发现用户对项目的喜好,并对这些喜好进行度量和打分,把兴趣爱好类似或者接近的邻居用户感兴趣的其他项目指定推荐给目标用户。如果某个用户与目标用户相接近,则可以根据这个用户的爱好来对目标用户做相应的推荐或者得到目标用户对某个项目的预测喜好程度。

算法核心流程可表述为:分析用户的历史行为,生成 User-Item 矩阵,利用 User 间的相似性,计算 User 的最近 N 邻居,再依据最近 N 邻居和用户的历史行为,预测用户对新的 Item 的评分,进而产生推荐列表。

(1) 建立 User-Item 矩阵

User-Based 协同过滤算法的起始步都是获取 $m \times n$ 阶的 User-Item 评分矩阵(偏好矩阵)M,以 user 为行,item 为列。矩阵列 U_m 中的 m 代表第 m 个用户,矩阵行 I_n 中的 n 代表第 n 个 item。每个 M_{ij} 代表了用户 i 对于项目 j 的评分。

(2) 基于用户相似度群组发现

计算得出 User-Item 矩阵之后,接下来就是通过计算目标用户与其他用户之间的相似性来确定目标用户的最近 N 邻居,即对于不同的物品有着某种相似兴趣爱好的用户群体。在这一过程中,关键的执行步骤就是去计算得出用户之间的相似性,本书采用了余弦相似度计算方法。相应地,对于 2 个 n 维向量 $\vec{i}=(i_1,i_2,\cdots,i_n)$ 和 $\vec{u}=(u_1,u_2,\cdots,u_n)$,计算 2 个用户 u_x 和 u_y 之间的相似度公式如下:

$$\mathrm{sim}(u_x,u_y) = \frac{\sum_{i \in C_{u_x,u_y}} ru_{x,i} \cdot ru_{y,i}}{\sqrt{\sum_{i \in C_{u_x,u_y}} ru_{x,i}^2} \sqrt{\sum_{i \in C_{u_x,u_y}} ru_{y,i}^2}} \quad (公式 1.33)$$

其中,C_{u_x,u_y} 表示用户 u_x 和用户 u_y 共同评价过的项目 i 的集合,$ru_{x,i}$ 表示用户 u_x 对项目 i 的评分,$ru_{y,i}$ 表示用户 u_y 对项目 i 的评分。

(3) 生成推荐结果

本文研究选用了 TOP-N 推荐方法,预先确定邻居数,把计算出的结果按照相似度大小依次排序,计算得出用户对项目的预测评分,再选择前 N 个优化形成推荐。计算公式如下:

$$P_{u_x,i} = \frac{1}{r_{u_x}} + \frac{\sum_{u_y \in C_{u_x}}(r_{u_y,i} - \overline{r_{u_y}})\mathrm{sim}(u_x,u_y)}{\sum_{u_y \in C_{u_x}} \mathrm{sim}(u_x,u_y)} \quad (公式 1.34)$$

其中,C_{u_x} 代表了用户 u_x 的邻居集,$\mathrm{sim}(u_x,u_y)$ 表示用户 u_x 和用户 u_y 的相似性,r_{u_x} 和 r_{u_y} 分别是用户 u_x 和用户 u_y 的评价评分。

2. 基于项目特征的组推荐方法研究

研究提出了一种基于项目特征和时间因子的用户组偏好建模方法，研究了如何构建用户及群组偏好模型。充分利用用户评分、时间因素和项目领域特征，构建用户偏好模型。由于群组推荐的特殊性，在构建群组偏好模型时，本文考虑成员间的相互作用，从用户项目特征属性均值相似性权重来得到群体用户偏好模型，并在应用 movie-lens 数据集上进行了实验。

首先综合项目领域特征、用户评分、时间等因素，利用 TF-IDF 方法构建用户项目特征偏好模型；其次考虑群体内成员间的相互作用，从项目特征属性均值相似性权重和时间因子两个方面来修正调整群组偏好模型；最后得出用户群组偏好模型，进而可以用此群组模型对群组用户未观看的课件计算预测评分并进行推荐。

（1）构建项目特征属性模型算法

课件领域特征考虑 4 个方面：课件类型、节目来源、发布时间、视频内容简介。每个特征又包含多个属性，如课件类型包括政策理论、科普、实用技术等。下面分别来创建课件项目属性模型和用户项目特征偏好模型。

课件 m_k 的项目特征模型为：

$$\overline{I_{m_k}} = (C_{m_k p_1}, C_{m_k p_2}, \cdots, C_{m_k p_i} C_{m_k p_s})$$

其中：$C_{m_k p_i}=1$ 表示课件 m_k 中包含特征属性 g_i，$C_{m_k p_i}=$ 表示课件 m_k 中不包含特征属性 g_i。

（2）构建个人偏好模型算法

不同用户对每个特征属性偏好的权重是不同的。本文中权重的计算使用改进的 TF-IDF 表示，以对象的特征描述为核心技术，对对象的具体特征属性等数据进行分析。TF-IDF 是一种经典的基于统计分析的特征项权重计算方法。IF-IDF 公式如下：

$$\text{TF-IDT} = \text{TF}(t_i, d_j) \times \text{IDF}(t_i) = \frac{f_{t_i d_j}}{\sum_{m-1}^{k} f_{t_m d_j}} \times \log\left(\frac{n}{n_{t_i}}\right) \quad （公式1.35）$$

$$tfi,j = \frac{n_i,j}{\sum_k n_k,j} \quad （公式1.36）$$

其中，$TF(t_i,d_j)$ 代表词频，是词语 t_i 在文档 d_j 中出现的频率，词频越高，说明该词在文档中出现的次数越多。$f(t_i,d_j)$ 表示词语 t_i 在文档 d_j 中出现的次数，分母表示 d_j 文档中的所有词语出现的总次数。$IDF(t_i)$ 表示是逆向文件频率。表示词语在文档中的普遍重要性，IDF 越大表明文档集出现该词语的文档数目越少。n 表示文档总数，nt_i 表示包含词语 t_i 的文档数。

TF-IDF 方法构建基于项目特征属性的单个用户偏好模型。

用户 u_i 基于项目特征属性的偏好模型为：

$$\overline{L_{u_i}} = (L_{u_i p_1}, C_{u_i p_2}, \cdots, L_{u_i p_j}, \cdots, L_{u_i p_t})$$

用户 u_i 对属性 p_j 的偏好程度表示公式：

$$L_{u_i p_j} = \frac{n_{u_i p_j}}{n_{u_i p}} \times \log \frac{m_p}{m_{p_j}}$$

其中，$n_{u_i p_j}$ 表示用户 u_i 观看有属性 p_j 的课件的个数，m_p 表示所有远程教育平台资源中所有属性的总数，$n_{u_i p}$ 表示用户 u_i 观看过的课件所有的属性个数，m_{p_j} 表示所有远程教育平台资源中包含属性 p_j 的课件总数。

由于上述基于 TF-IDF 公式构建单个用户偏好模型只考虑了课件属性的个数，没有考虑用户对课件的评分，如用户 u_i 看了两个适用技术课件，评分为 5 分和 3 分，另外两个经济理论课件评分为 2 分和 1 分，显然在属性个数相同的情况下，用户对适用技术课件的偏好要比经济理论课件的高，所以把用户评分和用户的类型权重综合起来，更能体现出用户对某个课件项目属性的偏好程度。因此，为了更好地表示用户偏好，在计算用户 u_i 观看过的课件所有的属性个数 $n_{u_i p_j}$ 时，根据用户对该属性所属课件的评分给予不同的计数权重，例如，若用户对某课件的评分为 1 分，那么该课件所有属性的计数权重为 0.6，若用户对某课件的评分为 3 分，那么该课件所有属性的计数权重为 1，若用户对某课件的评分为 5 分，那么该课件所有属性的计数权重为 1.4。[1,2,3,4,5]5 个评分等级的评分分别对应权重为 [0.6, 0.8, 1.0, 1.2, 1.4]。这样在计算用户 u_i 观看有属性 p_j 课件的个数 $n_{u_i p_j}$ 时，如果是 4 分、5 分，$n_{u_i p}$ 会增大，相反如果是 2 分、1 分，$n_{u_i p}$ 就会减小，所以：

$$n_{u_i p_j} = \sum_{1}^{n} w_{u_i m_k} \qquad （公式 1.37）$$

其中，$k \in [1, n]$，n 表示用户 u_i 观看课件的个数，$w_{u_i m_k}$ 是用户 u_i 观看每个课件属性的基于评分的权重。

（3）基于时间因子优化单个用户偏好模型

用户偏好不是一成不变的，用户对最近评分项目的偏好比以前评分项目要高，根据德国心理学家艾宾浩斯（Ebbinghaus）对遗忘现象所做的系统研究，人对事物的遗忘过程是非线性的，因此，引入遗忘函数降低以前评分的重要性。指数函数是一类广泛应用的衰退函数，能很好地反映历史数据随时间推移而影响力逐渐减弱的情况。所以本文用基于指数函数的遗忘函数来模拟时间对用户偏好改变的影响，公式如下：

$$f(t) = \exp\left(\frac{t - t_{\min}}{t_{\max} - t_{\min}} - 1\right) \qquad （公式 1.38）$$

其中：$t_{\min}$ 为用户最早的评分时间与参考时间之差，$t_{\max}$ 为用户最新的评分时间与参考时间之差，$t_{\min}$、$t_{\max}$ 都以天为单位，t 为用户访问资源的时间，遗忘函数 $f(t)$ 为单调递增函数，值域为 (0, 1)。

基于时间因子的用户评分公式为：

$$n'_{u_i p_j} = \sum_{1}^{n} [w_{u_i m_k} f(t_k)] \qquad （公式 1.39）$$

其中，t_k 表示用户观看第 k 个课件 m_k 的时间。

由上述计算可得到用户 u_i 对属性 p_j 的偏好程度表示公式为：

$$L'_{u_i p_j} = \frac{\sum_{1}^{n} [w_{u_i m_k} f(t_k)] \times f_{m_k p_j}}{\sum_{1}^{n} [w_{u_i m_k} f(t_k)]} \times \log \frac{n_p}{m_{p_j}} \qquad （公式 1.40）$$

其中，$f_{m_k p_j}$ 是判断属性 p_j 是否在课件 m_k 的属性中。

这个公式考虑了用户对课件属性偏好数量上的因素，又考虑了对课件评分的喜好，并且引入了时间因子的遗忘函数。

(4) 构建群体项目特征偏好模型

用户群组偏好模型的建立主要是通过用户偏好融合，偏好融合是指根据群组成员的偏好提取群组偏好。需要满足总体满意度、公平性、可理解性等要求，满足不同的要求需要使用不同的融合策略，均值策略是把群组成员偏好程度的平均值作为群组偏好程度，是组推荐系统中最常用的偏好融合策略。但此方法不能体现群组成员对某课件特征的差异，如平均值很高，各成员对此特征偏好的变化可能从很高到很低。对群体进行推荐时，不仅要了解群组中每个成员的偏好，还要了解成员间的相互作用。因此，本文在采用均值策略的基础上，分析用户的偏好特征和群组平均偏好特征的相似度，二者相似度越高，该用户对群组特征的影响力就越大。具体步骤如下：

• 群组 G_i 对课件特征属性 p_j 的平均偏好程度，公式如下：

$$L_{G_i p_j} = \frac{\sum_{u_x \in G_i} L'_{u_x p_j}}{|G_i|} \quad （公式1.41）$$

其中，$|G_i|$ 表示用户群组内成员的数量，$L'_{u_x p_j}$ 表示群组成员 u_x 对属性 p_j 的喜好程度。

• 用户项目特征属性均值相似度权重

如果组内用户 u_x 偏好特征和群组平均偏好特征的相似度越高，那么用户 u_x 在群体偏好形成过程中所起的作用越大，表明用户 u_x 的偏好特征越具代表性。公式如下：

$$\lambda_u = \frac{\text{sim}(u_x \times G_i)}{\sum_{u_j \in G_i} \text{sim}(u_j \times G_i)} \quad （公式1.42）$$

其中，$\text{sim}(u_x \times G_i)$ 是余弦相似度公式。

因此，由上述公式 1.41、公式 1.42 分析可得，群组 G_i 对项目特征属性 p_j 的偏好程度，公式如下：

$$L'_{G_i p_j} = \frac{\sum_{u_x \in G_i} \lambda_{u_x} L'_{u_x p_j}}{\sum_{u_x \in G_i} \lambda_{u_x}} \quad （公式1.43）$$

（5）生成推荐结果

研究选用了 TOP-N 推荐方法，根据用户群组和项目的相似度计算结果，按照相似度大小依次排序，选择前 N 个优化形成推荐。

（6）推荐结果分析

采用平均绝对误差 MAE 来对该推荐系统的推荐质量结果进行评估。MAE 的值越小，推荐的精度越高。统计在 Spark 计算模型中的每次实验结果，回执不同训练集所占比例下传统推荐算法和本文方法推荐质量比较结果如图 1-23、图 1-24 所示。

实验证明，改进后算法的 MAE 值要明显低于改进前的 MAE 值，即推荐准确率高。改进后的算法在资源推荐的质量上获得了很好的效果。

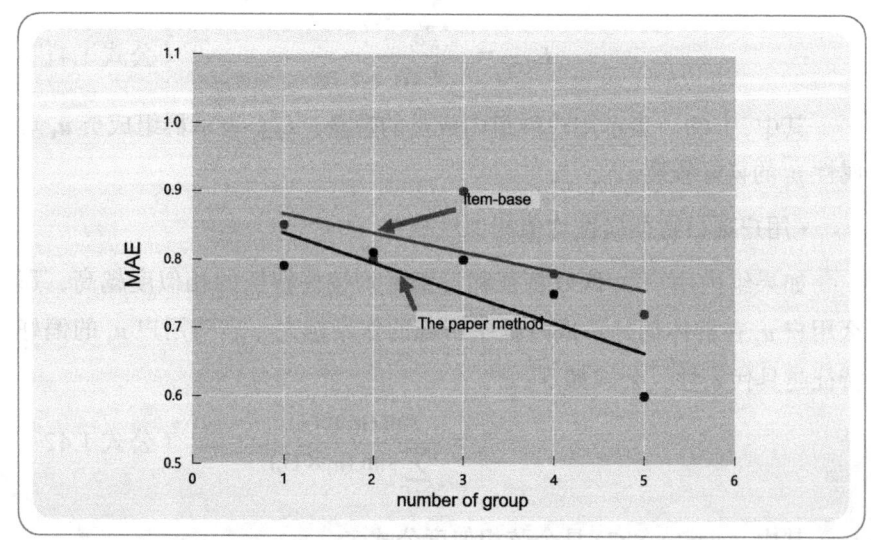

图 1-23　与 Item-base 推荐算法对比

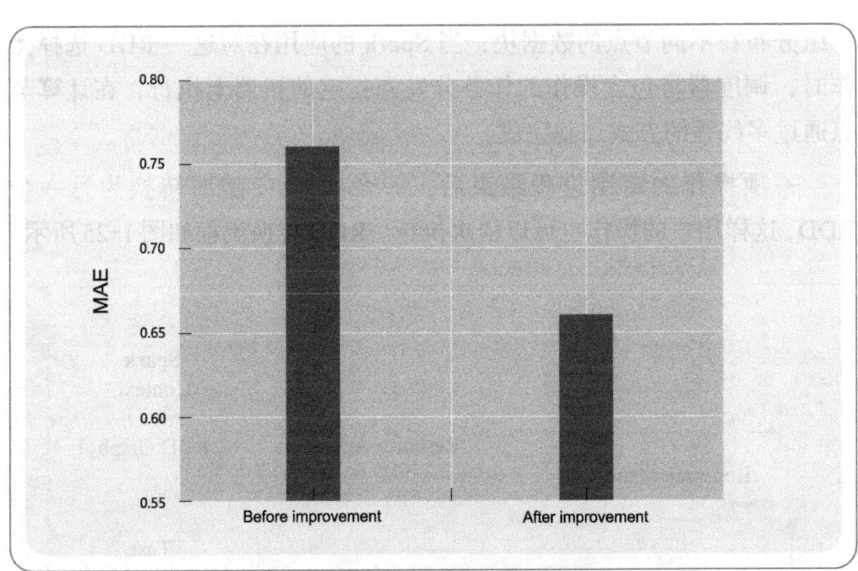

图 1-24　算法改进前后 MAE 值对比

（四）基于 Spark 的个性化推荐系统开发

1. 数据预处理

首先从 HDFS 中读取采样的结果形成 RDD1，RDD1 启动 TakeSample 算子，从中采样 k 个点作为初始聚类中心，放入形成 RDD2。选取距离值最小的作为聚类，形成 RDD3。RDD3 启动 CollectionAsMap 算子，将相同数据点汇集到 RDD4 的同一个数据分片中，输出聚类结果。根据聚类结果，得到用户的兴趣取向。

2. Spark 的并行化应用转换流程实现

Spark 计算框架下的并行化主要是通过 RDD 研发解决。要设计得到并行化，需将数据按照指定的分片数封装存储在 Spark 不同分区，然后对 Spark 执行展开并行数据集的互相转化操作。主要的转换操作算子有 map、flatmap 等。

在 Spark 的研究描述中，通过 RDD 进行数据的管理，RDD 中有一组分布在不同节点的数据块,当 Spark 的应用在对这一 RDD 选择操作时,调度器将包含操作的任务分发到指定的机器上执行,在计算节点通过多线程的方式加载完成。

一项操作的定制进程结束后,一个 RDD 便随即转换为另一个 RDD,这样用户的操作也可以依次执行。RDD 转换流程如图 1-25 所示。

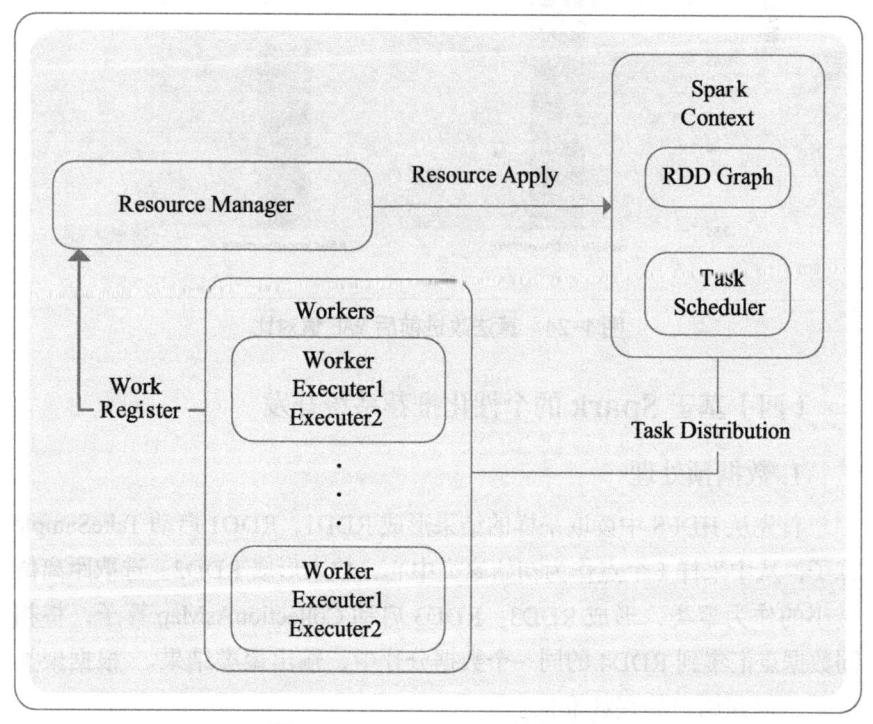

图 1-25　Spark 下 RDD 转换流程

3. 并行化的相似性计算算法设计

输入:M,User-Item 评分矩阵

输出:$S_{u,v}$,user(u,v)对的相似性。

$P(u,v) \leftarrow Join(M_i(u), M_i(v))$

Function Map(P)

If u ≠ v then
    Emit((u,v),(Mu,Mv))
End if
End function
Function reduce((u,v),(Mu,Mv))
    R ← vectorAdd(Mu,Mv)
    Emit((u,v),R)
End function
Function Map((u,v),R)
if Mu ∩ Mv !=0 then
    Emit Sim(Mu,Mv)
End if
End function

4. 并行化 User-Based 协同过滤算法实现

设计研发算法时，首先将得到的数据进行预处理，通过 K-means 算法对用户实施建立聚类，再将聚类的结果优化处理后上传到分布式文件系统 HDFS 中。在 Spark 上的 User-Based 协同过滤算法实现如下：

Conf=SparkConf
sc=SparkContext(conf)
sc= SparkContext(sys.argv[1])
lines=sc.textFile(sys.argv[2])
// 读取数据集，转换为 User-Item 矩阵
user_id → [(item-id_1,rating_1),[(item_id_2,rating_w,⋯):
user_item=lines.map(parseVectorOnUser).cache();

// parseVectorOnUser() 函数主要是为了解析数据文件中的数据，其中 key 是 User_id；

Item_id → [(user_1,rating_1)],[(user2,rating_2),…];

// 通过加入 item_id, 得到 co_rating 用户

item_user_pairs=item_user.join(item_user);

// 在 user_pair 上调整每一个 item_user_pair 并且摆脱不均匀的 user 对，然后扩大所有的 co_rating 对

（user1_id,user2_id）→ [(rating1,rating2), (rating1,rating2),…]

User_item_rating_pair=item_user_pair.map(Lambda p:p[0][0]!=p[0][1]).groupByKey()

// 选定每一个用户对进行相似性计算

(user1,user2) → (similarity,co_rates_count);

User_pair_sims=user_item_rating_pair.map(Lambda p:calcSim(p[0],p[1])).sortByKey();

user_id → [(item_id_1,rating_1), (item_id_2,rating_2),…]

User_item_Hist=user_item_groupByKey()// 获得每一个用户的 item 历史

(user1_id,user2_id) → [(rating1,rating2), (rating1,rating2),…];

User_item_rating_pair=user_item_hist.cartesian(user_item_hist).filter(Lambda p:p[0][0]!=p[1][0]).map(

Lambda p:getItemHistDiff(p[0],p[1])).sortByKey().map(

Lambda p:keyOnfirstUser(p[0],p[1])).groupByKey().clollect();

// 得到 item hists 的不同

user1_id → [[user2_id,sim,co_rating_count,[(item1,rating1),(item2,rating2), (item3,rating3),…],[user3_id,sim,co_rating_count,[(item1,rating1),(item2,rating2), (item3,rating3),…], [user4_id,sim,co_rating_count,[(it em1,rating1),(item2,rating2), (item3,rating3),…],…]

// 将每一个用户的 item_diff 和相似性数据组合

User_sims=uer_pair_sims.map(Lambda p:keyOnfirstUser(p[0],p[1])).groupByKey();

// 给用户推荐资源

User_item_recs=user_sim.map(Lambda p:topRecs(p[0],p[1],userid_rating_pairs.value)).collect();

5. 运行结果分析

通过从 MovieLens 下载 100kB、1MB 和 10MB 3 个不同的数据量的数据集作为数据源来验证改进协调过滤算法在 Spark 平台下的推荐效率和推荐质量。各组数据的组成如下。

100kB: 包括 943 个用户对 1 682 个资源的评分，共 90 571 个评分记录。

1MB: 包括 6 040 个用户对 3 900 个资源的评分，共 1 000 209 个评分记录。

10MB: 包括 71 567 个用户对 10 681 个资源的评分，共 10 000 054 个评分记录。

（1）软硬件配置

实验硬件环境：5 台装有 ubuntu18 系统的 2 核，内存 2G 的虚拟机。其中 1 台作为 Master 节点，另外 4 台作为 Slave 节点。Master 节点运行 NameNode 和 Master 进程，Slave 节点运行 DataNode 和 Worker 进程。

使用的 Hadoop 版本是 2.7.0，使用的 Spark 版本是 2.7.0。

（2）推荐效率分析

为了研究计算节点数对推荐过程的影响，实验将计算节点数从 1 个逐步增加到 4 个，实验结果如表 1-11 所示。

表 1-11　Spark 下不同计算节点所用的时间

节点个数 / 个	推荐时间 / 秒
1	192
2	105
3	75
4	48

从表 1-11 可见，当计算节点为 1 个的时候，由于 cpu 和内存的限制以及 Spark 调度的资源消耗，导致此时 Spark 的效率不及本地模式下的计算效率，随着节点数的增加实际推荐时间明显下降。

六、构建北京市农村远程教育信息精准服务系统

为验证前述研究结果并进行实证应用，项目以用户资源获取为中心，对信息资源、学习路径和技术服务等内容进行优化整合，实现学习资源的精准匹配，构建基于大数据技术的北京市农村远程教育信息精准服务系统。

（一）精准服务系统功能

该系统为北京市参与远程教育的农村用户提供"我的课程、学习记录、学习计划、学习需求、资源推荐"等功能。"我的课程"模块可显示最近学习的所有视频课程，以及收藏的课程。"学习记录"模块可详细记录每一条视频学习情况，包括起始时间和学习时长。"学习计划"模块以日历形式显示视频课程学习表。"学习需求"模块支持用户学习需求添加和学习需求查询。"资源推荐"模块为用户推荐感兴趣的视频课程，并支持将推荐视频加入用户学习计划。

1. 我的课程

"我的课程"主要让用户知道最近学习的课程、收藏的课程和积分明细。如图 1-26 所示。

最近学习的课程即用户最近一段时间学习的课程，按照时间先后顺序排列，点击进去后可以继续重复学习该课程内容。

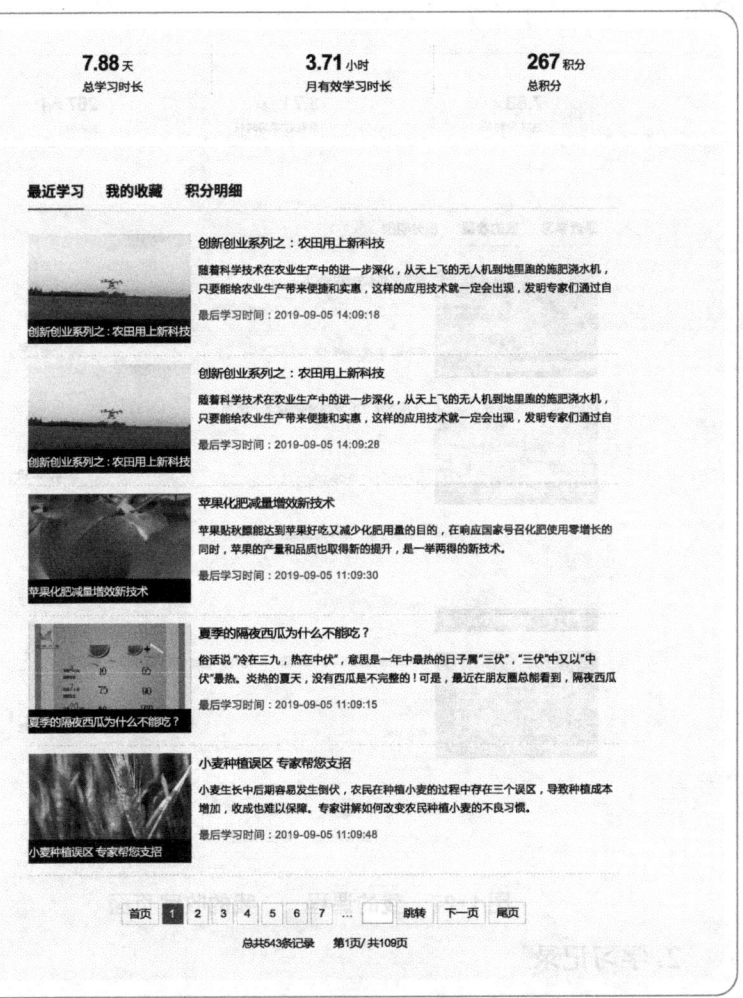

图 1-26 我的课程主页面

收藏的课程即在用户学习课程内容时,点击"收藏"操作后,用户能看到自己收藏的课程。在该页面,用户可以对已收藏的课程取消收藏(图1-27)。

积分明细是系统为鼓励用户学习实行的积分制。当用户进行某操作时,可以赋予一定的积分,如用户登录平台、进行个人计划制定等操作。

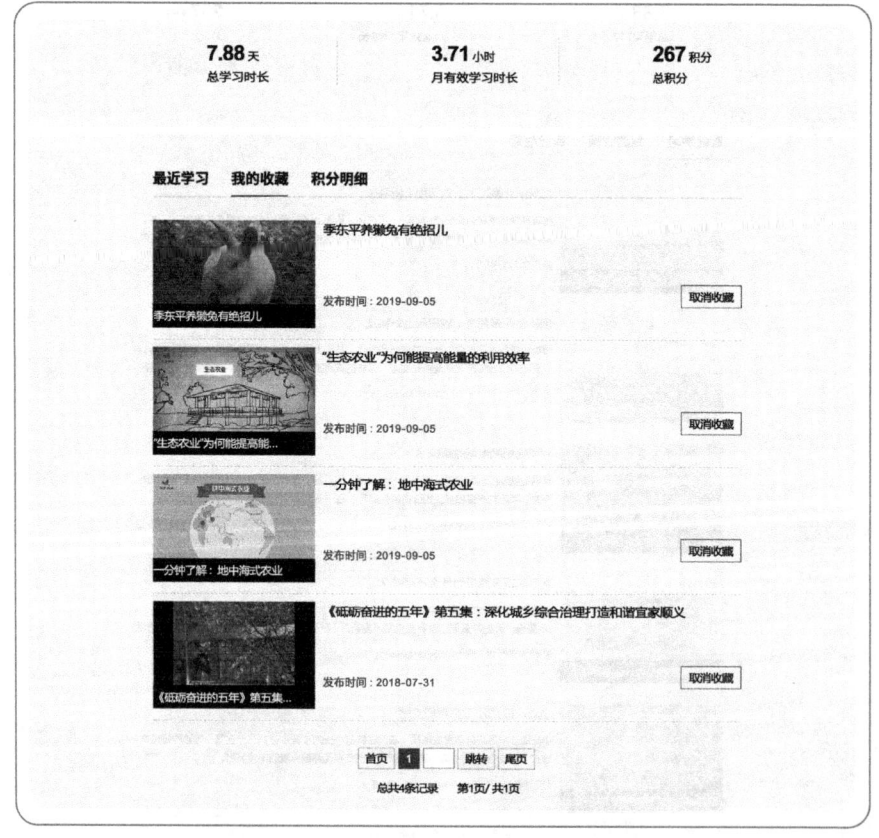

图1-27 我的课程——我的收藏页面

2. 学习记录

"学习记录"按日期和按进度两种方式记录用户的学习历史,包括课程名称、学习开始时间、学习结束时间、学习终端、学习时长等信息如图 1-28、图 1-29 所示。

该模块帮助学习者了解自己的学习进度，以督促自己更好地进行下一步学习，在按日期类别中可以看到"最近一周、最近一月和更早"3 种学习记录，按进度类别中可以看到"已完成、未完成和全部"的学习记录。

主题	开始时间	结束时间	学习终端	学习时长
山楂加工技术	2019-09-10 11:20:24	2019-09-10 11:22:45	PC	2.42分钟
化学杀虫剂的高效利用	2019-09-09 16:57:38	2019-09-09 17:27:22	PC	25.75分钟
认识活性炭	2019-09-09 15:19:11	2019-09-09 15:39:05	PC	20.00分钟
熊蜂授粉记	2019-09-09 15:13:40	2019-09-09 15:17:10	PC	3.58分钟
科普动画："蜂"狂的田野	2019-09-09 14:44:25	2019-09-09 15:06:35	PC	22.08分钟
山楂加工技术	2019-09-09 10:20:56	2019-09-09 10:48:26	PC	27.58分钟
与菌共生的天麻	2019-09-09 09:34:11	2019-09-09 09:49:11	PC	15.08分钟
葡萄架下种草莓	2019-09-09 09:18:04	2019-09-09 09:27:39	PC	9.67分钟
2015年第十期：加强源头…	2019-09-06 16:06:33	2019-09-06 16:32:33	PC	26.00分钟

图 1-28　学习记录——按日期

主题	开始时间	结束时间	学习终端	学习时长
创新创业系列之：农田用上新…	2019-09-05 14:15:42	2019-09-05 14:40:18	PC	24.58分钟
创新创业系列之：农田用上新…	2019-09-05 13:44:06	2019-09-05 14:15:28	PC	31.42分钟
苹果化肥减量增效新技术	2019-09-05 11:27:09	2019-09-05 11:44:30	PC	17.42分钟
夏季的隔夜西瓜为什么不能吃…	2019-09-05 11:21:50	2019-09-05 11:25:15	PC	3.50分钟
小麦种植误区专家帮您支招	2019-09-05 11:05:33	2019-09-05 11:19:48	PC	14.33分钟
季东平养獭兔有绝招儿	2019-09-05 10:37:10	2019-09-05 11:00:35	PC	23.50分钟
吴成伟和他的智能无人机智能…	2019-09-05 09:36:12	2019-09-05 10:3647	PC	1.01小时
豆瓣酱加工技术	2019-09-05 09:35:21	2019-09-05 09:50:11	PC	14.92分钟
玉米秸秆压块袋装微贮技术	2019-09-050925:07	2019-09-05 09:35:12	PC	10.17分钟
夏季的隔夜西瓜为什么不能吃…	2019-09-05 09:34:48	2019-09-05 09:34:48	PC	5.00秒

图 1-29　学习记录——按进度

3. 学习计划与学习需求

学习计划可以让学习者根据自己的学习进度安排学习计划，给学习者提供自主学习的功能，满足不同学习者的个性化学习需求。当系统已有的功能不能满足用户学习，用户想提出更多要求时，可以在"学习需求"功能模块对课件提出个人的需求，也可以查看用户所提需求的历史记录及网站反馈结果。

用户在课程视频播放页面中点击"加入学习计划"按钮，在弹出框中选定日期，可将课程加入学习计划。点击个人中心左侧导航"学习计划"即可查看。在日期上标记"红点"的即为有学习计划。日历表下面是具体每天的学习计划课程，如图 1-30、图 1-31 所示。

图 1-30　添加学习计划

第一章 远程教育精准服务技术优化

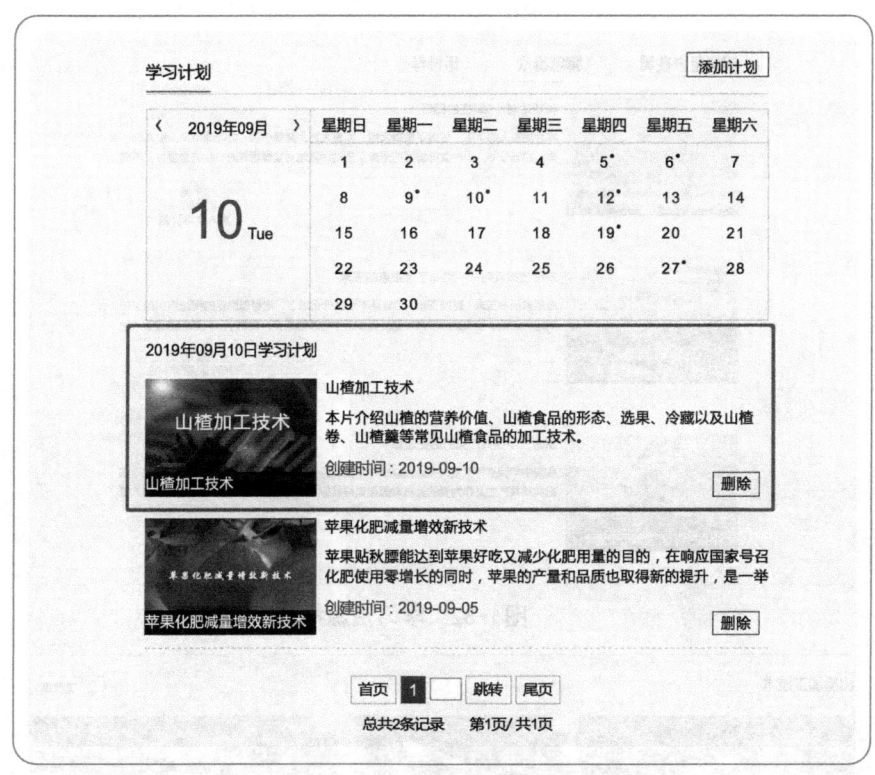

图 1-31　查看学习计划

4. 资源推荐

北京市农村远程教育信息精准服务系统根据用户的兴趣为用户自动推荐学习资源。如用户长期学习农业技术相关内容，系统会推荐相关的资源，在"猜您喜欢"中，用户可以将推荐的资源加入到学习计划中（图 1-32、图 1-33）。除了"猜您喜欢"之外，系统还根据网站的其他用户和用户分类，将资源推荐分为"相似用户在看"和"组推荐"两种方式，以满足不同用户的多种学习需求。

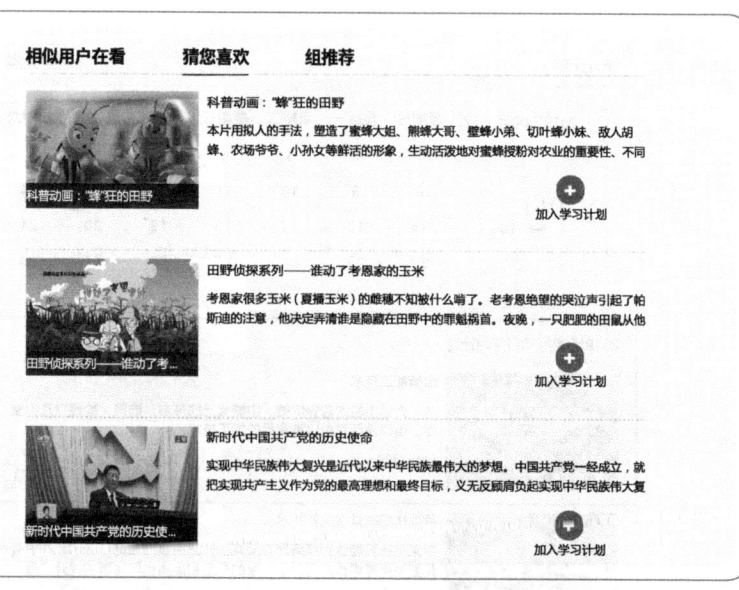

图 1-32 学习资源推荐

图 1-33 类似资源推荐

(二)精准服务系统示范应用情况

1. 不同学习专题的学习情况

北京市农村远程教育信息精准服务系统在原北京市农民远程教育

PC 网站基础上进行应用，覆盖北京市 13 个区，3 702 个农村站点，已经为全市 206 442 农村用户提供学习服务。

北京市农村远程教育信息精准服务系统为北京市农村用户提供了更精准化和个性化的学习资源，减少了其在学习中查找资源的操作难度。根据农村用户的学习内容，基于内容序列，为他们推荐感兴趣的相关教学资源，满足用户生产和生活的实际需求。远程教育信息精准服务系统在 2017—2019 年的持续优化后，用户的学习时长和次数基本处于一个上升趋势（图 1-34）。

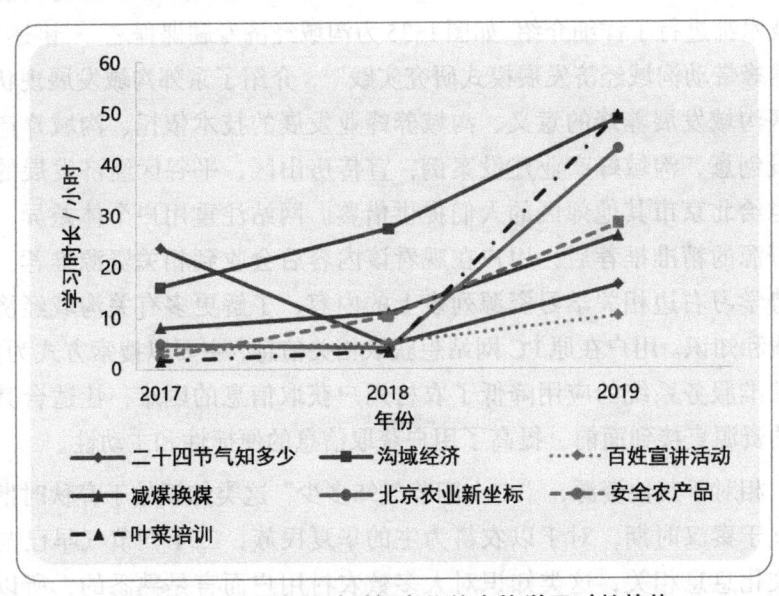

图 1-34　不同专题随时间变化的人均学习时长趋势

如图 1-34，研究选取已上线的部分专题，基于后台用户大数据的管理系统，进行 3 个年度当年的平均学习时长和平均学习次数统计。可以看到大部分的学习专题，用户的平均学习时长和用户平均学习次数处于逐年上升的趋势，而"叶菜培训"和"安全农产品"这类与农村用户相关的专题得到了用户的持续关注。农民在生产和生活过程中，农产品的安全一直是一个重要话题，"安全农产品"作为每一个人都需要掌握的知识，与多类知识都构成内容序列，被推荐给广大学习者，所以该学习专题处于持续上涨的趋势。而"百姓宣讲活动"专题是为庆祝建党 90 周年，以普通百姓为主线，讲述亲身经历、亲身所闻所见的故事，以阐述和谐社会的系列内容，农村用户对其有一定关注度，但相对于其他的"减煤换煤""安全农产品"持续注意力不够，学习时长较低。

"沟域经济"是北京市探索出的新型山区经济发展模式——保护生态与增收相统一，生态建设与产业发展良性互动，网站上线了该模式的相关视频，从产业链、花卉种植、山区养蜂到先锋者、建筑群设计技术都进行了详细介绍。如图 1-35 为沟域经济专题课程之一，讲述"山区养蜂带动沟域经济发展模式研究实践"，介绍了京郊沟域发展现状、山区沟域发展养蜂的意义、沟域养蜂业发展的技术依托、沟域蜂产业建设创意、沟域蜂产业建设案例，宣传房山区、平谷区经济发展的同时也给北京市其他郊区的人们提供借鉴。网站注重用户个体差异，进行资源的精准推荐后，用户在观看该内容后会收到相关资源推荐，可顺势学习右边相关学习资源列表上的内容，了解更多有关沟域经济的实践和知识。用户在原 PC 网站想获取相关信息，主要以搜索方式为主，而精准服务系统的应用降低了农村用户获取信息的困难，让适合其特点的资源直接到面前，提高了用户获取信息的便捷性和主动性。

相对于其他资源，"二十四节气知多少"这类知识始于春秋时期，确立于秦汉时期，对于以农耕为主的华夏民族，二十四节气早已与农耕文化息息相关，这类知识对大多数农村用户而言是熟悉的，所以会有一个学习的下降趋势。但在经过推荐系统优化后，推送给用户，用户也会进行关注和学习，在用户播放"二十四节气知多少——春天"课程后，课程除了推荐同一专题的课程"二十四节气知多少——夏天"，还会推荐系统中与课程内容相关的二十四节气内容，如"二十四节气——节气养生之春分""二十四节气——仓颉造字"等（图 1-36）。可见，精准服务系统方便了北京市农村用户的学习，有效减少了用户寻求资源的时间，有效提升了相关"三农"知识的传播。

第一章 远程教育精准服务技术优化

图 1-35 "沟域经济"专题的课程示例与类似资源列表

图 1-36 "二十四节气"专题的课程示例与类似资源列表

月度学习专栏是北京市农村远程教育信息系统每月更新的栏目，每月专题不同，但皆属于月度学习专栏，该专栏在上线后受到农村用户广泛关注，总浏览量在 2017 年已达到 1 150 万次，达到千万级别，如图 1-37 所示，虽然在 2018 年浏览量降低，但总的浏览量也达到了

296万次,远远高于2016年的"第一书记"专题(总浏览量为43 476次)。而总的学习时长和学习次数呈逐年上涨趋势,总学习次数最高达到350万次,总学习时长也达到150万小时。

月度学习专栏作为每月更新的专栏,内容会持续更新,用户在学习该专栏的内容后就会得到相关推荐。远程教育信息精准服务系统的构建,在北京市农村用户中得到了有效的应用和实践,该系统一方面方便了用户学习和个性化学习资源的获取;另一方面也有效提高了资源的利用率,让优质的学习资源被用户发现。

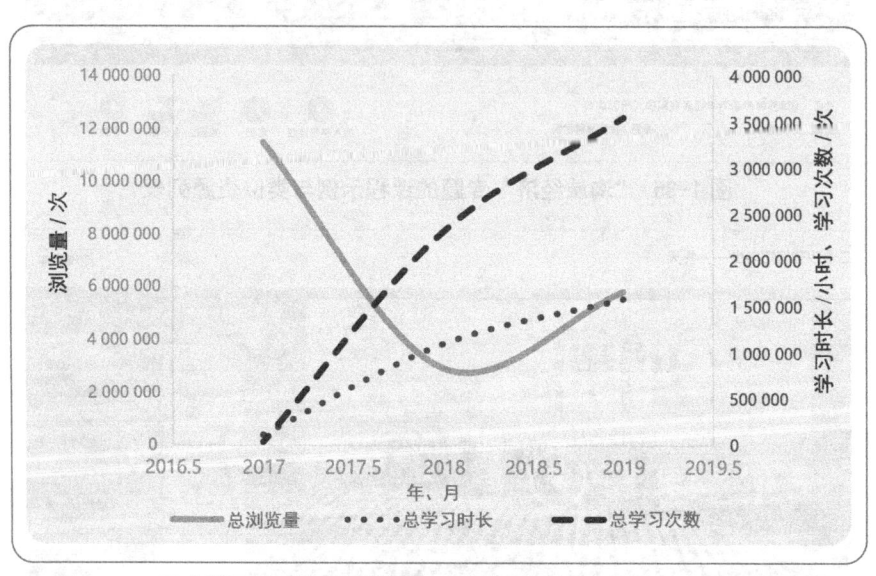

图 1-37　月度学习专栏的总浏览量、总学习时长和总学习次数时间趋势

2. 农村用户的满意度调查

为进一步了解北京市农村远程教育信息精准服务系统的有效性,对北京市郊区的农村用户进行了问卷调查,了解他们对精准服务系统的满意情况。研究根据北京市区域特性和网站后台用户站点学习情况,在北京市大兴区、房山区和延庆区3个区随机选取了学习时长在中等位置的农村作为样本。

总共发放问卷330份,回收有效问卷285份,主要问卷样本信息如下:男性为140人,女性为145人,处于平均分布状态;问卷被调查者年龄,31~40岁、41~50岁和51~60岁为主要人群,分别占被调查者总数的24.6%、30.9%和24.2%,占比约80%且分布较平均;文化程度分为初中及以下、高中、大专、本科及以上4个层次,其中主要学历为初中及以下文化程度和高中文化程度,总占比约78%,基本情况符合农村用户实际情况,问卷结果有一定代表性(表1-12)。

表1-12 调查样本基本情况

属性		数量/人	百分比/%
性别	男	140	49.1
	女	145	50.9
年龄	18岁及以下	6	2.1
	19~30岁	31	10.9
	31~40岁	70	24.5
	41~50岁	88	30.9
	51~60岁	69	24.2
	61岁及以上	21	7.4
学历	初中及以下	107	37.6
	高中(含中专)	114	40.0
	大专	44	15.4
	本科及以上	20	7.0

问卷对远程教育信息精准服务系统的满意度进行调查,发现在285名用户中,有40%用户表示一般,但大部分对系统的服务表示满意,其中"推荐视频的相关性"的满意度(很满意+非常满意)达到了55.1%,对"推荐视频的及时性"的满意度达到了59.3%,对"新版网站页面设计"的满意度达到了60%。相对而言,用户对"反馈的及时性"和"资源更新速度"的满意度没有视频推荐的满意度高,但也在50%左右(图1-38)。

问卷进一步对用户是否将网站推荐给其他人和自己是否会继续选择

网站进行学习的意愿进行调查，发现网站整体用户将农村学习平台推荐给他人的百分比（67%）与自己继续学习的百分比（65.6%）相近，一般自己愿意继续学习的用户也愿意推荐给其他人使用，与实际情况较相符（图1-39）。

总的来说，农村用户对远程教育信息精准服务系统是满意的，对系统视频推荐的相关性和及时性满意度较高。当然，网站还需要继续加强资源的更新速度和反馈的及时性，以便更好地为北京市农村用户服务。

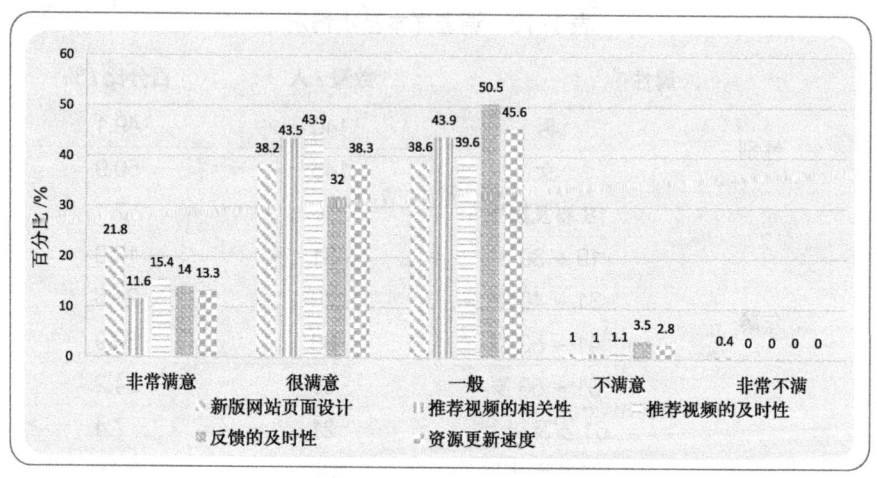

图1-38　农村用户对服务系统推荐功能的满意情况

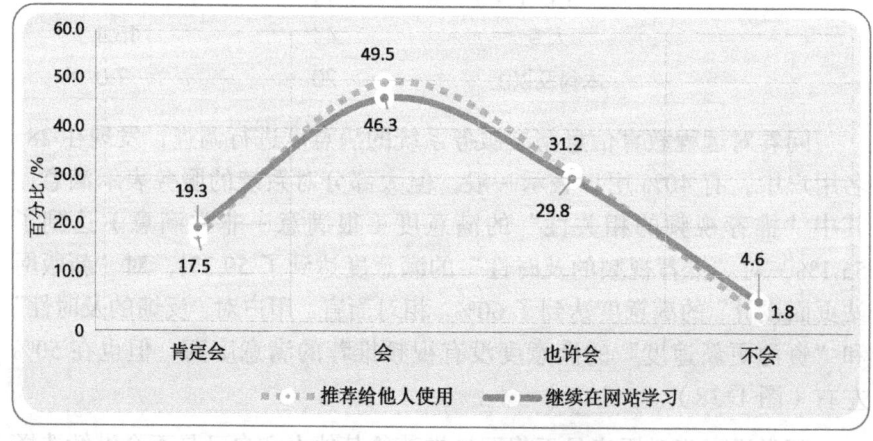

图1-39　网站用户推荐和学习意愿分布

七、总结与展望

本书主要依据大数据采集、处理、分析和可视化技术，提出高效、低耦合、高内聚的远程教育信息精准服务系统架构，通过对用户兴趣模型和个性化推荐算法的优化研究，在用户兴趣模型基础上，优化应用传统的个性化推荐算法，实现精准服务。构建基于大数据分析技术的北京市农村远程教育信息精准服务系统，验证研究结果在北京农村远程教育服务领域应用的可行性和有效性，为远程教育学习者提供了个性化的学习资源和学习环境，实现在计算机和网络信息技术支持下"因材施教"，减少用户盲目寻求资源的时间，消除信息壁垒，方便用户学习，提升远程教育知识传播效率和精准服务水平。

在研究视角方面，从远程教育的视角考虑技术应用，注重用户个体差异，提升远程教育用户学习的个性化和针对性，在用户兴趣模型构建时引入本体方法，实现远程教育的因材施教，为远程教育可持续发展提供新思维，有助于推动"互联网＋教育"的产业发展。在研究方法方面，借助信息学、传播学、管理学等学科开展融合交叉研究，为认识北京市远程教育发展规律提供更宽阔的视野，此外，在多学科理论支撑下，通过理论建模与实证检验相结合的方式，有助于提高研究成果的适用性和科学性。

研究将原有的北京市农民远程教育平台用户的信息需求和网络行为作为数据基础，从远程教育的视角考虑技术应用，注重用户个体差异，对远程教育信息精准服务技术方法进行优化，应用大数据分析技术，尝试将领域本体应用到用户兴趣模型构建过程中，用户兴趣信息通过语义较好地表达出来，具有较好的扩展性，对远程教育用户兴趣模型构建是一个有益的补充。研究将借助管理学、传播学、信息学等学科进行融合交叉研究，为认识远程教育发展规律提供更宽阔的视野。

研究有助于提高北京农村远程教育的个性化和针对性。通过对远程教育精准服务技术方法优化研究，为用户提供适合其特点和需求的学习资源，降低应用操作难度，提高用户获取信息的便捷性、主动性以及学习成效，成果在北京市的远郊区开展应用，有助于提高北京农村远程教育的个性化和针对性。应用大数据分析技术提升服务的"供给侧改革"已逐渐成为远程教育的一项重要任务，研究有助于推动远程教育供给内容和供给方式的结构性调整，优化调整远程教育现有资源，从而促进北京市农村远程教育服务的可持续发展。

研究构建的系统能在一定程度上满足用户个性化学习需求，但受项目经费和验证难度等因素影响，本书在验证应用阶段样本略显不足，未来将在北京市开展进一步的实验数据验证、模型改进和系统优化。

参考文献

程学旗，靳小龙，王元卓，等，2014. 大数据系统和分析技术综述 [J]. 软件学报，25(9): 1889-1908.

方乐，2020. 现代远程教育培育新型职业农民 SWOT-AHP 分析及策略研究 [J]. 成人教育，40(10): 43-48.

傅金京，李玲娟，2021. 基于用户特征和评分的精准推荐策略研究 [J]. 南京邮电大学学报（自然科学版），41(1): 107-114.

花青松，2013. 个性化推荐系统用户兴趣建模研究与实现 [D]. 北京：北京邮电大学.

李媛媛，李旭晖，2020. 结合本体与社会化标签的用户动态兴趣建模研究 [J]. 情报学报，39(4): 436-449.

刘少伟，张继，光张弛，2017. 基于数据分析的远程教育学生流失现状分析及对策 [J]. 中国成人教育，5: 37-40.

刘一鸣，王佳佳，2022. 基于区块链技术的图书馆数字阅读精准推荐研究 [J]. 图书馆理论与实践，256(2): 107-115.

卢春华，杨辉，李云鹏，2019. 一种基于本体和循环神经网络的在线学习资源推荐技术 [J]. 情报理论与实践，42(12): 150-155, 138.

卢丽娜，2007. 世界农业信息化进程及发展趋势 [J]. 中国信息界 (1): 85-86.

罗清红，李沿知，高瑜，等，2022. 三类三层 四步六环：成果推广应用的创新机理："大数据背景下的远程教育模式"成果推广应用总结 [J]. 中国教育学刊 (S1): 37-40.

苗会永, 张家睿, 孙立新, 2022. 远程教育研究: 历史演进、主题透视及未来展望 [J]. 职教论坛, 38(2): 108-116.

单京晶, 2015. 基于内容的个性化推荐系统研究 [D]. 长春: 东北师范大学.

孙雨生, 祝博, 2021. 基于知识图谱的信息推荐架构体系研究 [J]. 情报理论与实践, 44(11): 116-123.

向安强, 贾冰强, 林楠, 等, 2005. 国外农民教育及其对"科教兴村"的启示 [J]. 古今农业 (3): 67.

邢玲, 宋章浩, 马强, 2016. 基于混合行为兴趣度的用户兴趣模型 [J]. 计算机应用研究, 33(3): 5.

薛庆吉, 2011. 基于 3G 网络的移动学习平台关键技术研究与应用 [D]. 武汉: 武汉理工大学.

杨传斌, 楼应凡, 2021. 基于用户画像的讲座信息精准推送服务研究 [J]. 数字图书馆论坛, 209(10): 60-65.

杨晶, 2013. 用户兴趣模型及实时个性化推荐算法研究 [D]. 南京: 南京邮电大学.

杨玉芹, 2014. MOOC 自主个性化学习环境设计的策略研究 [J]. 现代教育技术, 7: 12-17.

詹天晟, 陈德华, 乐嘉锦, 等, 2014. 基于海量搜索历史数据的用户兴趣模型 [J]. 计算机应用, 34(S2): 126-129, 139.

张鹏程, 2020. 基于 LDA 用户兴趣模型的远程教育课程推荐方法研究 [J]. 现代电子技术, 43(3): 173-176.

张志强, 2017. 我国农村现代远程教育长效机制的构建 [J]. 继续教育研究 (3): 74-76.

ADOMAVICIUS G, TUZHILIN A, 2001. Using Data Mining Methods to Build Customer Profiles [J]. IEEE Computer: 74-82.

BELCADHI L C, 2016. Personalized feedback for self assessment in lifelong learning environments based on semantic web [J]. Computers in Human Behavior, 55(A): 562-570.

CHANG T Y, KE Y R, 2013. A personalized e-course composition based on a genetic algorithm with forcing legality in an adaptive learning system [J]. Journal of Network & Computer Applications, 36(1): 533-542.

DEWAARD I, et al., 2011. Using mLearning and MOOCs to Understand Chaos,

Emergence, and Complexity inEducation [J]. The International Review of Research in Open and Distance Learning, 12(7): 94-115.

FRAGOUDIS D, LIKOTHANASSIS S D, 1999. User Modeling in Information Discovery: An Overview [J]. Advanced Course on Artificial Intelligence, Greece.

GHAHRAMANI A, TANG C, BECERIK-GERBER B, 2015. An online learning approach for quantifying personalized thermal comfort via adaptive stochastic modeling [J]. Building and Environment, 92: 86-96.

GEDIMINAS A, ALEXANDER T, 2009. Towards the Next Generation of Recommender Systems: A Survey of the State-of-the-Art and Possible Extensions [J]. IEEE Transactions on Knowledge and Data Engineering, 17(6): 734-749.

HOOD N, LITTLEJOHN A, MILLIGAN C, 2015. Context counts: How learners' contexts influence learning in a MOOC [J]. Computers & Education, 91: 83-91.

JIANG X, TAN A H, 2006. Learning and Inferencing in User Ontology for Personalized Semantic Web Services [C]. The 15th international conference on World Wide Web. Edinburgh, Scotland, ACM.

PAZZANI M, BILLSUS D, 1997. Learning and Revising User Profiles: The Identification of Interesting Web Sites [J]. Machine Learning, 27: 313-331.

PETRONI F, QUERZONI L, 2014. GASGD: stochastic gradient descent for distributed asynchronous matrix completion via graph partitioning [C]. The 8th ACM Conference on Recommender Systems. Silicon Valley, ACM: 241-248.

SANDRA DE AMO, et al, 2015. Contextual preference mining for user profile construction [J]. Information Systems, 49: 182-199.

SCHELTER S, BODEN C, SCHENCK M, et al., 2013. Distributed matrix factorization with mapreduce using a series of broadcast joins [C].Proceedings of the 7th ACM Conference on Recommender Systems. Hong Kong, ACM Press: 281-284.

YE T, BICKSON D, YAN Q, 2014. Second workshop on large-scale recommender systems: research and best practice [C]. 8th ACM Conference on Recommender Systems, Silicon Valley, ACM Press: 385-386.

第二章 学习者特征模型优化及应用

农民教育培养是关系"三农"长远发展的基础性、长期性工作。在京郊农村地区,如何利用信息量大、覆盖面广、直观性强、传播度快的农村现代远程教育来更好地服务农业、农村、农民,已成为解决"三农"问题的战略重点和迫切需求。随着北京市农民远程教育的深入发展,关注用户的实际学习过程与学习行为,是改善与提升农民现代远程教育服务水平的重要因素。

从远程教育未来发展看,在满足基本教育服务需求的基础上,学习者将越来越倾向于个性化学习定制服务。对农民学习者的研究是农村远程教育领域最基础、最重要的一项工作。精准的教育信息资源个性化推送服务需要互联网外在环境与学习者内在个性化需求共同支撑。互联网外在环境研究重点集中在资源个性化推送服务系统设计研究、算法研究、技术优化研究等方面。内在个性化需求研究重点则在于"学习者特征"指标构建。

以北京农民远程教育网的农村地区学习者为研究对象,以学习需求和学习行为作为数据基础,从教育学的视角考虑技术应用,注重学习者个体差异、学习特点和学习行为,分析出识别用户学习特征的关键指标并建立学习者特征模型。研究成果可直接应用于农民远程教育网的个性化学习系统、决策支持系统和用户积分管理系统,为用户学用效果评价提供基础数据支撑。

一、远程学习者特征模型研究现状

(一) 学习者特征

从心理学层面来说,学习者特征是指影响学习过程有效性的学习者内部心理过程的各个方面(何克抗,2001;王迎等,2006);杨开城(2005)认为,学习者特征没有明确界定,它是以特征的要素形式对学习者特征进行描述。学习者个体特征的要素有学习风格、学习速度、认知水平、学习起点、自主行为能力、能力倾向、兴趣点、学习动机、基本观念、情感态度的性格表现、情绪的性格表现(包括焦虑)、意志的性格表现。

从经验层面来说,学习者特征是指影响学习过程有效性的学习者的经验背景的各个方面,学习者特征包括智力、学习基础、学习风格、文化背景、社会经济状况等对学习过程产生影响的因素(徐学锋等,2001)。结合王泽(2010)对"在校学习者特征"的定义,可以将学习者特征理解为,学习者学习过程的有效性来自外部环境和学习者生理与内部心理的各个方面,即学习者获得知识、技能和态度时的各种特征的总和。其包括与个体背景相关的人口学特征、与学习和个性相关的心理特征,以及与学习环境相关的特征等。

王泽(2010)认为,传统的学习者特征分析一般包括学习准备和学习风格两方面。学习准备包括一般特征(年龄特征,智能、情感特征,成人学习者特征等)和初始能力(预备技能、目标技能、学习态度)两个层面。学习风格包括生理性要素、认知类要素、情感意动要素、大脑功能、个性。传统学习者特征分析体系主要针对的是"无网"条件下的传统班级学习者,后来也常被用于远程教育领域指导远程学习者分析。

(二) 远程学习者特征

远程学习者特征是指影响远程学习者学习过程有效性的来自外部环境和学习者生理与内部心理的各个方面,即学生获得知识、技能和态度时的各种特征(征象)的总和。其主要包括与个体背景相关的人口学特征、与学习和个性相关的心理特征,以及与学习环境相关的特征等(王迎等,2006)。

教育部教育信息化技术标准研究委员会制定的网络学习者模型标准——CELTS-11将学习者信息分为8类:个人信息、学业信息、管理信息、关系信息、安全信息、偏好信息、绩效信息和作品集信息(庄科君,2015)。这些特征信息包含静态和动态信息,涉及人口学特征、教学、管理及安全等所有内容。

(三)远程学习者特征模型构建

远程教育的学生具有与传统教育的学生不同的特征,而学生的特征及其学习需求分析又是整个远程教育教学系统开发与教学设计的重要依据,于是,各国远程教育界就提出了各种远程教育学生的分析体系,并依据这些分析体系对各地的远程教育对象进行了大量的调查和分析研究,构建了不同类型的远程学习者特征模型。

国外影响比较大的建模理论是覆盖模型(将专家知识与学习者知识进行比较)、铅板模型(简单描述学习者知识状态)、贝叶斯模型(编码知识之间的因果关系,根据学习数据推导学习者的知识掌握程度)等,这些理论模型注重通过计算算法或人工智能技术实现学习者特征的获取与建模(张舸,2012)。而在国内研究者均是从不同视角和不同目的出发构建远程学习者特征模型,见表2-1。

表2-1 学习者特征模型

项目	知识模型	认知模型	情感模型	学习者行为模型
代表模型/研究角度	覆盖模型	认知能力	一维情感模型	个体学习行为
	铅板模型	认知策略	二维情感模型	社会性学习行为
	摄动模型	元认知能力	三维情感模型	
	贝叶斯模型			
理论背景	教育学(建构主义)、心理学(认知、情感、动机)范畴,涉及元认知理论、多元智能理论			教育、管理学范畴

1. 国外模型构建

(1) Cross 的 CAL 模型

对成人学习了解得越深入，就越能更好地理解远程学习的本质。因此成人学习者特征相关的理论模型也是远程学习者特征模型调研的重点内容。Cross 于 1981 年在对终身学习的分析中阐述了一个关于成人学习者的特征模型，即 Characteristics of Adults as Learners (CAL) model。该模型建立在诺尔斯的成人教育学、Roger 的经验学习和终身教育心理学等理论基础之上，包括两个维度，即个人特征和环境特征。个人特征包括：年龄、生命阶段、发育阶段。年龄会引起某些感知觉能力（如视力、听力、反应时间）的退化，而智力（如决策能力、推理能力、语言能力）往往会得到提高。生命阶段和发育阶段关系到一系列稳定和转变，而这些与年龄也许并无直接关系。环境特征包括：业余学习/全日制学习、自愿学习/被动学习方面的信息。业余学习还是全日制学习会严重影响学习的管理（如学习时间表、学习地点、学习进度）；自愿学习还是被动学习与成人的很多学习特性相关，如自我调节学习、以问题为中心的学习等。

(2) 凯依(Kaye)和鲁姆勃尔(Rumble)（1981）的远程学习者特征

1981 年，在凯依和鲁姆勃尔主编的《远程高等成人教育》一书中将远程高等教育的学习者特征概括为 4 个维度：教育和培训、生活类型、网络基础设施以及人口统计。

2. 国内模型构建

(1) 丁兴富的远程教育学生的特征体系

丁兴富教授在中国香港公开大学主办的亚洲开放大学协会第 12 届年会上宣讲的论文《远程教育学生的一种理论分析体系》（丁兴富，1998）是一份综合研究成果。在该研究成果里就对远程学习者进行了深入研究，提出远程教育学生的理论分析体系，共有 7 个维度：有关历史和现状的一般资料；有关生理的、心理的和行为的人口学资料；

有关教育的、经济的、宗教的、政治的、民族和种族的、社会和文化的社会学资料；有关家庭的、工作单位的、类别交通的和通信的地理学资料；有关学习时间、学习地点、学习设施和通信条件的情境状态资料；有关目标取向的经济学和就业动机、经济上和生理上的弱势群体以及社会心理学的动机动力资料；有关对远程教育院校、对学习者人生和社会生活、对学习者自身以及来自社会各界的观点和评价资料。

（2）吴战杰的网络远程教育中学习者特征分析体系

在传统的学习者特征分析体系的基础上，吴战杰（2004）结合网络教育的特点和新的研究成果，提出网络远程教育中学习者特征分析体系。主要包括六大项（A 智力、B 学习风格、C 学习准备、D 网络化学习者特征、E 一般信息、F 其他类），52 个要素项（表 2-2）。该体系的特点：一是"智力"中引入了多元智能的概念，同时还保留了传统意义上的智力要素，以满足多元化的教学要求（尤其是个别化教学）；二是删去了传统学习者特征分析中的一些要素，加入了网络环境下的相关特征。关于该特征分析体系采用的分析方法，研究者在强调计算机对网络环境下学习者特征分析的重要性的同时，也指出"不同的学习者特征类型需要不同的信息收集和分析方法"，并建立了"方法空间体系"，具备较强的可操作性。

表 2-2 远程教育中学习者特征分析体系

类别	项目（或要素）
智力	多元智能；传统智力要素
学习风格	生理性要素；认知类要素；情感意动要素；大脑功能；个性
学习准备	动机；认知结构；学习态度
网络化学习者特征	技术水平；信息素养；网络学习适应性；网络心理
一般信息	人口学；社会学资料；观点与评价资料
其他类	认知兴趣；学习热情；学习责任心；支配性；好胜心；自信心

(3) 陈丽等的中国远程学习者学习风格的三维模型

陈丽等（2005）以学习的信息加工理论、科尔布的经验学习理论、荣格的人格特征类型理论等三大学习风格理论模型为基础，由外及内，从外在的感觉通道偏好、与内部认知结合的学习方式偏好，以及与学习相关的内在人格特征 3 个角度，综合生理、社会、心理 3 个层面上的学习风格特征，形成中国远程学习者学习风格的三维模型，包括生理维度、经验维度和心理维度。生理维度：从视觉、听觉、动觉 3 个角度描述远程学习者在感觉通道偏好上的学习风格特征；经验维度：描述远程学习者与其社会性有关的 4 种学习方式偏好，即原理型、经验型、实践型、思考型；心理维度：主要涵盖与远程学习风格相关的人格心理特征类型，即内向与外向、现实与幻想、理性与感性、计划与随意（表 2-3）。

表 2-3　中国远程学习者学习风格的三维模型

项目	分类维度		
	生理维度： 感觉通道偏好	经验维度： 学习方式偏好	心理维度： 人格类型特征
理论基础	学习的信息加工理论	Kolb 的经验学习理论	荣格的人格类型理论
测量角度	与信息加工相关的感觉通道偏好	与学习外部过程相关的学习方式偏好	与学习相关的心理特征
具体分类	视觉型 听觉型 动觉型	实践型 经验型 思考型 原理型	精力支配：外向/内向 认识世界：现实/幻想 判断事物：理性/感性 生活态度：计划/灵意

(4) 王迎等的远程学习者四元特征理论模型 (DSMS Model)

王迎等（2006）根据人的发展由"内源"和"外源"共同作用的基本理论（即学习者特征主要由来自外部环境和学习者生理及内部心理的各个方面要素组成），对远程学习者的研究从人口学维度、学习环境维度、个性心理维度和学习心理维度 4 个维度展开，并重点提取出人口学特征（D）、支持性特征（S）、动力特征（M）、策略特征（S）这4方面的特征构建了远程学习者四元特征理论模型（DSMS Model）（表2-4）。研究者对各个特征所包含的要素以及特征测量进行了理论上的分析与实证研究。总体而言，该模型建立在较稳固的理论基础之上，提出了比较清晰的研究视角，模型不是为了"求全"，而是为了重点突出强调对学习者学习效果有直接影响的内外因素。

表2-4 远程学习者四元特征模型

类别	项目（或要素）
人口学特征	生理特点；社会特点；经验；地理特点
支持性特征	学习条件；求助方式；学习时间；家校距离；求助对象
动力特征	学习动机；自我效能感；归因
策略特征	认知策略；元认知策略；资源管理策略

（5）冯锐的网络环境下学生特征分析模型

冯锐（2006）从网络环境下学生特征分析的具体实施出发（尤其是为了促进学生特征分析的技术实现），考虑到学生特征分析的目的及具体指导意义，提出从年龄特征、社会化特征、个性特征和认知特征4个方面来构建网络环境下的学生特征分析模型。

年龄特征反映的是在一定年龄阶段的学习者所具有的特征，它具有普遍性和共同性；社会化特征反映的是学习者在社会化过程中的社会阅历、文化背景、家庭背景和职业类型、性别、地理位置等特征；个性特征所反映的是每个学习个体独有的学习风格、动机、兴趣、性格、意志、情绪、气质等特征，通过对这些个性特征因素的分析，就可以间接了解学习方式、学习速度和质量以及学习内容选择等；认知特征所反映的是每一个学习个体在认知能力和认知结构上的差异，通过对学生进行认知差异分析，可以了解学生的起始学习能力和知识结构。

（6）邱百爽等基于语义网的自适应学习系统提出的学习者模型

邱百爽等（2008）以认知心理学、建构主义和人本主义学习理论为基础，基于语义网的自适应学习系统提出的学习者模型主要考虑用户学习风格、认知水平和兴趣偏好三大因素。在该研究中未对学习者模型的构建进行深入研究，但在确定学习者模型的方法上进行了探索，他们利用语义网在学习的过程中通过对用户学习历史的记录数据，如用户查阅参考资料的类型、学习时间等进行数据挖掘，进而改进用户模型。通过对用户参与讨论的主题、内容、时间以及用户检索查询的表达式等进行数据挖掘，完成用户兴趣模型，从而为实现适应性检索和完善用户认知模型做准备。

（7）胡志金的远程学习者分层模型

胡志金（2008）提出应适应远程学生的多样化学习需求，要求远程教学应采用分类、分层的教学策略。所以可根据学生的学习动力、学习能力、学习维持力的不同，对学生依次进行 3 次分层，即动力分层、能力分层、维持力分层。并可在 3 次分层的基础上，在学习形式、学习手段、学习安排等方面进行适配设计。

第一次分层采用动力分层法，即根据远程学生的双向需要，将班级学生具体划分为掌握学习和建构学习两种不同学习倾向的学习群体，并据此设计出两种不同学习倾向（目标）的导学方案。第二次分层采用能力分层法，即针对班级学生的能力要素分布情况，对上述两类学习群体进一步划分出任务导向型和任务辅助型两种不同学习方式的学习群体，并据此设计出 4 种不同支助服务程度的导学方案。第三次分层采用维持力分层法，即根据学习毅力的强弱、学习投入力的高低和学习保障力的优劣等主客观情况，在前述两次分层的基础上，针对具体的课程内容、学习环节等的特点与要求，结合学生的个性、时间、物质、环境等学习条件来综合考虑教学活动的实施进程、实施形式和具体要求，据此设计出具体细化的、切合学生实情的学习活动与学习要求，如目标进程、时间安排、学习工具、检测方式等具体导学环节，并组合出不同模型的导学程式。

(8) 王泽的在校学习者 DSRS 四元特征理论模型

模型重点研究在校学习者 4 个维度的特征：人口学特征、支持性特征、准备性特征、策略性特征。

人口学特征在于了解学习者之间存在的许多既相同又不相同的自然标识和社会标识。王泽（2010）基本认同 DSMS 模型中人口学特征包含的要素内容，但却认为不应该将经验要素也纳入其中。他认为，模型中的人口学特征应该包括生理特点（性别、年龄、身体健康状况）、社会特点（民族与信仰、家庭与经济状况、受教育情况）、地理特点（自然地域、城乡）。

支持性特征可以反映学习者超越学习情境中障碍的状况，DSMS 模型中的支持性特征侧重学习者可获得的外部支持，本模型提出并强调学习者的内部支持性特征。只有将内外两方面的支持性条件结合起来，才能切实保证学习者学习的无障碍。内部支持性特征包括信息素养（如技术水平、问题解决能力）、网络学习经历与适应性、网络心理与行为倾向和习惯；外部支持性特征包括家校条件（如上网条件）、师资条件（如教师的信息技术能力）、可用求助方式和对象、学习时间（如课程表安排情况、可支配上网时间）。

准备性特征关系到学生能否开始和适应新的学习，能否取得好的学习结果。它是指学生原有的知识水平和心理发展水平对新的学习的适应性。学习准备原主要指学生学习之前具备的知识，目前，学习准备已有了更加广泛的含义，包括个体成熟、先前的知识经验和动机准备 3 个方面（吴战杰，2004）。其中，成熟是指没有明显教育影响下的能量增长。这种增长可归因于遗传（智力等）和日常生活经验。原有知识经验包括知识水平（言语信息、智慧技能、认知策略、动作技能和态度）、专业背景。动机则是推动人们从事某种活动的内部动因，其对于学习的激发和维持具有重要作用，有内部动机和外部动机之分。

策略性特征包括认知策略、元认知策略、资源管理策略。认知策略是学习策略的重要组成部分。通常，学有所成的个体都拥有独特的学习方法，能针对不同情景选择认知策略，主要包括注意策略、组织策略、复述策略和精加工策略。元认知策略一般指学习者用以计划、管理、监控、评估学习的策略，对于学习者掌握学习的主动性、提高自觉性起着重要作用，主要包括计划策略、监控策略、调节策略。资源管理策略则在现今数字化、开放化的学习环境中变得尤为重要，主要包括时间管理、努力和心境管理、环境设置、工具利用、社会性人力资源的利用（陈琦等，2004）。

虽然 DSRS 四元特征理论模型是针对网络环境下在校学习者提出的，但是仍然适应于远程教育学习者。

(9) 岳俊芳、陈逸的个性化学习模型

基于学习者特征信息的相对稳定与动态属性，着眼于大数据分析发掘学习者兴趣并为之提供个性化服务，岳俊芳和陈逸（2017）提出从个人信息、学习风格、兴趣模型和知识模型 4 个方面构建远程学习者模型（图 2-1）。

个人信息属于静态信息，主要是学习者的个人身份信息及与学习相关的学业信息，包括用户名、年龄、性别、民族、职业、地域、专业、学历层次等，是基本稳定的用户属性，是开展个性化教学的必要基础，如年龄、性别、地域等可作为协作学习方式中异质分组的重要指标，学历层次在一定程度上决定了学习者的学前知识水平。

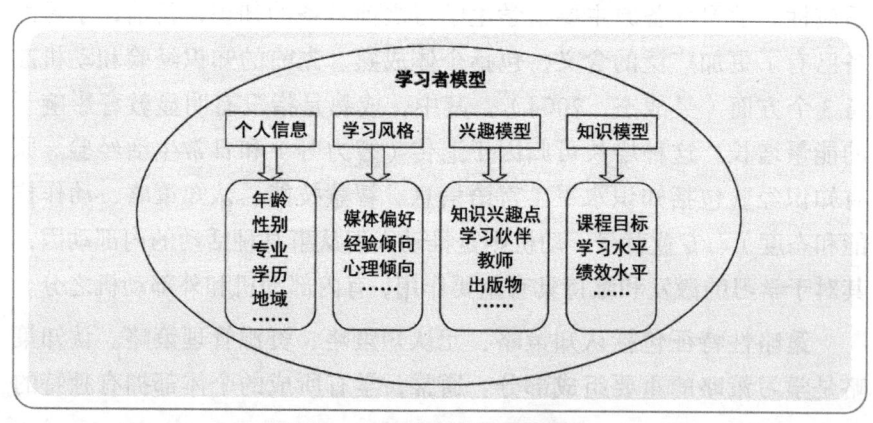

图 2-1 个性化学习者模型

学习风格是相对稳定的用户属性,陈丽(2005)在综合研究的基础上,从生理、经验和心理3个层面构建了远程学习者学习风格框架(图2-2)。其中,生理维度包含视、听、动3种感官通道偏好;经验维度包含原理型、经验型、实践型和思考型4种学习方式偏好;心理维度包含内向与外向、现实与幻想、理性与感性、计划与随意8种人格心理特征类型。它可通过3种方式来测量确定。第一种方式是在用户进行系统注册时通过调查表单确定,由学习者选择自己偏好的媒体类型、资源形式和学习倾向。第二种方式是通过课程的学前诊断性测试来确定,可借助一些成熟的学习风格量表进行,例如,所罗门认知风格测量量表、北京师范大学远程教育研究所研发的远程学习者学习风格量表等。第三种方式是采用大数据分析技术,通过动态数据来推理判定学习者学习风格,输入变量是用户访问不同类型资源(文本、视频、音频或文字讲解、案例分析)的频率。通过系统分析比较可得到学习者的资源形式偏好和学习方式偏好。

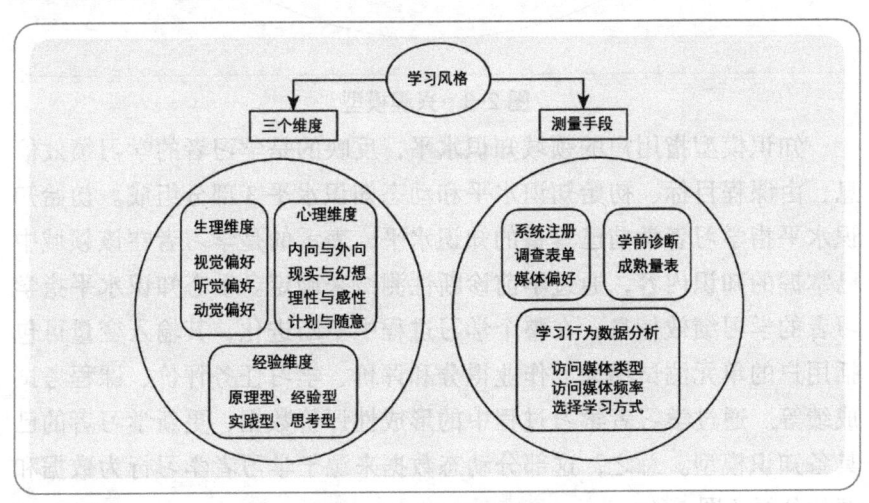

图 2-2　学习风格模型

兴趣模型指用户对领域知识或学习伙伴的具体兴趣点,由初始模型和动态模型组成。初始模型在用户进行系统注册时通过调查表单确定,由学习者填写或选择自己感兴趣的话题、知识内容或人物,如某概念、定律等。动态模型在用户的整个学习过程中不断演化，其输入变量包括学习者对知识点的访问次数、检索查询所使用的关键词、与教师和同学讨论交流中所涉及的知识点，以及对相关注册信息的维护和更新。在后续学习过程中，学习者学习路径、学习行为等数据被学习平台不断记录和累积，通过分析挖掘这些数据可以获取学习者的动态兴趣信息，进而更新兴趣模型（图2-3）。

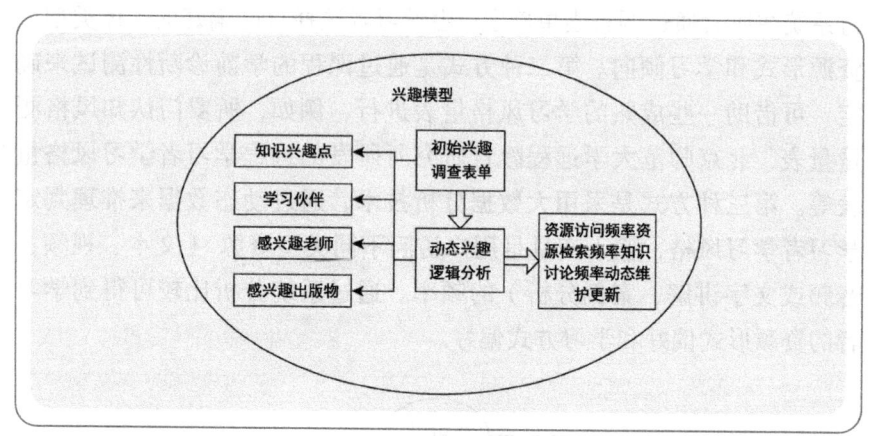

图2-3　兴趣模型

知识模型指用户的领域知识水平，反映的是学习者的学习绩效信息，由课程目标、初始知识水平和动态知识水平3部分组成。初始知识水平指学习者学前已具备的知识水平，表示的是学习者在该领域中已掌握的知识内容，通过学前诊断性测试来确定。动态知识水平指学习者的学习绩效信息，在整个学习过程中不断进化，其输入变量可包括用户的单元测试结果、作业得分和评价、学习任务评价、课程考试成绩等。通过学习者学习过程中的形成性评价数据，更新学习者的已具备知识模型。总之，这部分动态数据来源于学习者学习行为数据和绩效分析（图2-4）。

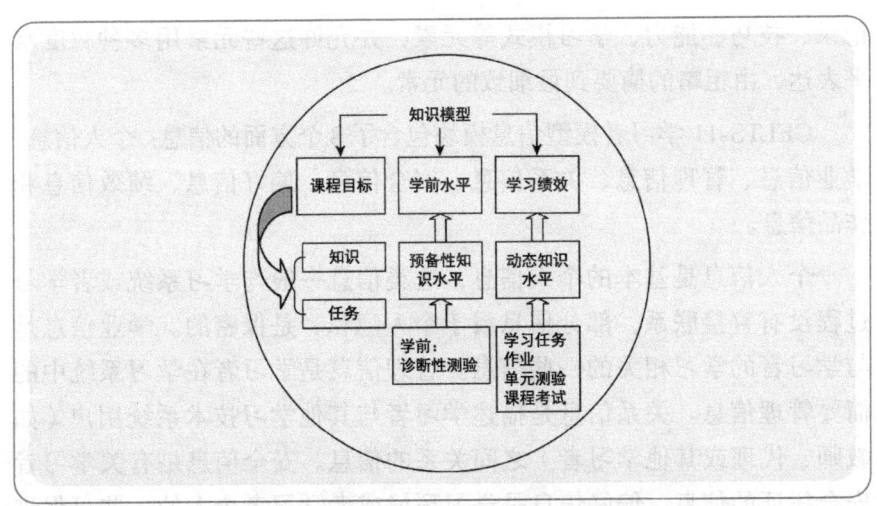

图 2-4 知识模型

(10) 中国网络教育技术标准（CELTS-11）

目前，广为接受并较为成熟的学习者模型都是以国际 IEEE1484.2 PAPI 学习者模型规范和国内 CELTS-11 学习者模型规范为参考建立的。这些规范的制定是为了能描述任何年龄、背景、地区的学习者学习相关的信息，为任何一个学习者创建一个个人学习者模型，为教育研究者提供规范化的模型和数据；同时也是为了保证所构建模型的可重用性。其中，国内 CELTS-11 学习者模型规范是建立在 PAPI 学习者模型规范基础之上，经过分析我国教育实际情况而制定的，CELTS-11 学习者模型规范描述了学习者信息（通用学习技术信息的子集）的一个特定子集"PAPI 学习者信息"。

CELTS-11 规范是一个关于学习者信息的数据交换规范。促进数据交换的途径有以下 3 种：通过外部规范，例如，学习者编码绑定（Binding）；通过控制传输机制，例如，学习者 API（应用编程接口）绑定；通过数据和控制传输机制，例如，学习者协议绑定。

CELTS-11 规范指定"学习者模型"的语法和语义，把学习者（学生或者知识工作者）和他的知识能力刻画出来。该规范包括学习过程记录、技巧、能力、学习模式等元素，并允许这些元素用多种粒度水平表达，由粗略的摘要到最细致的元素。

CELTS-11 学习者模型信息模块包含了 8 个方面的信息：个人信息、学业信息、管理信息、关系信息、安全信息、偏好信息、绩效信息和作品信息。

个人信息是基本的个人信息，这类信息一般与学习系统或者学习过程没有直接联系，部分信息属于个人隐私，是保密的。学业信息是与学习者的学习相关的一些信息。管理信息是学习者在学习系统中的简要管理信息。关系信息是描述学习者与其他学习技术系统用户（如教师、代理或其他学习者）之间关系的信息。安全信息是有关学习者安全凭证的信息。偏好信息是学习环境或者学习者个人的一些可促进人机交互或个性化服务的信息。绩效信息是学习者的学习经历、学习结果等的信息。作品集信息是学习者的代表性作品及相关证明的集合，用于描述和证明学习者的能力及成就。

同时，应用可以扩展或合并这 8 类信息。应用可以利用数据库的键，把分散的信息类型的信息库联系在一起。例如，一个学习者个人信息的信息库利用学习者标识与学习者绩效信息的信息库联系在一起。

综上所述，丁兴富（1998）的远程教育学生的特征体系是迄今为止比较完整的关于远程教育学生的理论分析体系，该理论分析体系包括的面非常广泛，涵盖了学习者几乎所有的特征。但是缺少学习者特征与具体运用结合的研究，可操作性不是很强，同时该模型在当下"互联网 +"时代有待革新（孙治国等，2016）。

吴战杰（2004）的网络远程教育中学习者特征分析体系具备较强的可操作性；陈丽等（2005）的中国远程学习者学习风格的三维模型侧重于学习风格，但学习风格仅仅是学习者特征系统中的一个子系统。对于学习者特征的整体把握，不仅建立在对每个子系统的深入了解之上，还涉及诸多子系统之间的关联。

王迎等（2006）的远程学习者四元特征理论模型（DSMS Model）

为远程学习者特征分析提供了一个比较科学合理、富有实践指导性的理论框架，但模型将学习者的认知结构、网络学习技能和体验等经验要素归于人口学特征之下的做法值得商榷；冯锐（2006）的网络环境下学生特征分析模型的特点是比较简单、便于操作，研究者在模型的构建中比较清晰地阐明了各个特征的分析方法，尤其注重依靠计算机的数据采集、整理和挖掘功能，让计算机承担学习者特征的收集和分析任务。然而，主要依据实践经验建立起的模型相对而言在理论基础方面不是很牢固，分类依据有待推敲。

邱百爽等（2008）基于语义网的自适应学习系统提出的学习者模型较为简单，但该研究从方法上得到了突破。该方法对基于语义网的自适应学习系统中用户模型的研究虽只是初步的尝试和探索，但为未来的研究提供了新的思路，未来对于远程学习者特征的研究可以选择合适的数据挖掘算法，通过数据挖掘实现对学习者特征的完善。

胡志金（2008）的远程学习者分层模型旨在与教学相适配，可以针对远程学生的多样化学习需求，要求远程教学采用分类、分层的教学策略。但这个分层方法较为复杂，之后需要与人工智能技术相结合才能发挥更大的效果。

王泽（2010）的 DSRS 模型同传统学习者分析体系一样强调学生的学习准备特征，借鉴了 DSMS 模型从内部因素和外部因素两方面考察学习者特征的做法，也在尽量涵盖大部分学习者特征的基础上重点关注支持性特征、策略性特征等，同时模型结构比较清晰，便于特征分析和测量等实践活动的开展，具备了较强的可操作性。

岳俊芳和陈逸（2017）提出的个性化学习模型对每一个子成分都分析得很透彻，并且研究者也提出了对应这个模型的个性化教学服务策略，具有很强的教学和应用价值。

总体可以看出，如今国内学习者特征的研究已经取得很大的进步。从丁兴富（1998）的 7 个维度到王迎等（2006）的 4 个维度，再到岳俊芳和陈逸（2017）的个性化学习模型，可操作性得到提高，内容得到更新。

在与时俱进的同时,还需要在特征研究框架或体系的完整性和可操作性方面兼顾。要使理论体系能够对实践工作产生意义,还需要将理论构想体系不断推敲,目标不断细化,内容层层分解,使其能够对实践有作用,其中,"不断细化,内容层层分解"的前提是梳理清楚系统内部维度项目之间的关系。在内容不断细化的基础上,需要与当前的数据挖掘技术相结合,让计算机承担学习者特征的收集和分析的工作。

此外,研究者已经主动探寻了很多适合中国国情的远程学习者特征理论模型。尽管如此,我国学习者特征模型的构建并没有为测量工具的开发提供支持,目前尚未开发出可以直接用于实践的远程学习者特征测量工具,所以在这一方面有待于进行深入研究(王欢,2009)。

二、远程学习者特征模型框架构建

远程学习者特征模型构建规则的挖掘来自对学习者个性特征与学习行为模式的分析。在本系统中,学习者的个性特征以学习风格和学习效能感作为依据,而学习行为模式主要表现为学习者实际开展的学习活动。

(一)构建依据

1. 模型设计的理论支撑

(1)行为主义学习理论

在行为主义学习理论视域下,学习过程可以概括为"刺激—反应—强化",它强调利用技能性训练、作业或测试操练等达到矫正行为的目的。因此,在行为主义学习理论指导下,网络教育个性化学习者模型信息的选择主要是外显学习行为信息,如测试答案、答案是否正确、测试次数、测试时间、测试成绩等。

(2)建构主义学习理论

与行为主义学习理论不同,建构主义学习理论认为知识不是通过传授学习就可得到的,而是学习者在一定情境下,利用必要的材料与资源建构获得的。它强调情境、交互、资源的重要性。因此，在建构主义学习理论指导下，应关注网络教育个性化学习者模型的应用环境，以及模型与环境中的要素之间的关系。

(3) 人本主义学习理论

前两种理论都是从学习过程中的学习对象出发，而人本主义学习理论则是从人即学习者出发，强调促进学习的重要性。与行为主义学习理论的机械学习、认知主义学习理论的重视人类认知结构不同，人本主义学习理论关注情感、价值观、态度等最能体现人类特性的因素在网络教育中对学习的影响。

2. 学习者特征的相关理论

(1) 多媒体学习的认知理论

在多媒体学习的认知理论体系中，包括佩维尔的双重编码理论、巴德利的认知负荷理论、迈耶的生成学习理论等。网络教育中学习者的多媒体学习受到多种因素的影响，如资源呈现形式、资源之间的关系、学习者的先备知识、认知风格等。因此，应基于学习者多媒体学习的影响因素，以多媒体学习的认知理论为指导，探索学习者特征与教学资源多媒体形式之间的关系。

(2) 学习行为———行为科学理论

行为科学理论是探索影响个体行为、群体行为、组织行为的因素，以及三者之间关系的一种理论。基于网络教育中学习者的差异性，学习者特征的个体行为就更值得关注。行为科学理论的研究视角与研究方法，将会给学习者特征的研究和分析带来新的启示。

(3) 学习风格———学习风格分类

国内外对于学习风格的定义多种多样，比较典型的学习风格分类有格雷戈克（Cregorc）、考伯（Kolb）、威特金（Witkin）以及劳特斯（Lotas）等的学习风格分类。通过学习者学习风格的确定，可向学习者提供更有效的个性化支持服务。

（二）模型设计

前期通过对已有学习者模型的比较研究，发现其存在学习者信息缺少细化分析、学习者特征单一、学习者模型规划无层级等问题，意识到构建现代远程教育个性化学习者模型需要解决三方面的问题：一是个性化学习者模型的初始化；二是个性化学习者模型的动态更新，分析个性化学习者特征的维度指标；三是学习者模型各层级之间的关联，为后续个性化服务提供依据。为解决上述问题，以多层次、多维度设计了现代远程教育的个性化学习者模型。该模型是以学习者信息为基础，以学习者特征为核心要素，以个性化学习服务为目标。考虑到实际的应用过程，该模型将远程学习系统中的个性化服务模块和远程学习者模型相结合，构成数据层、逻辑分析层、应用层三大层次模块（图 2-5）。

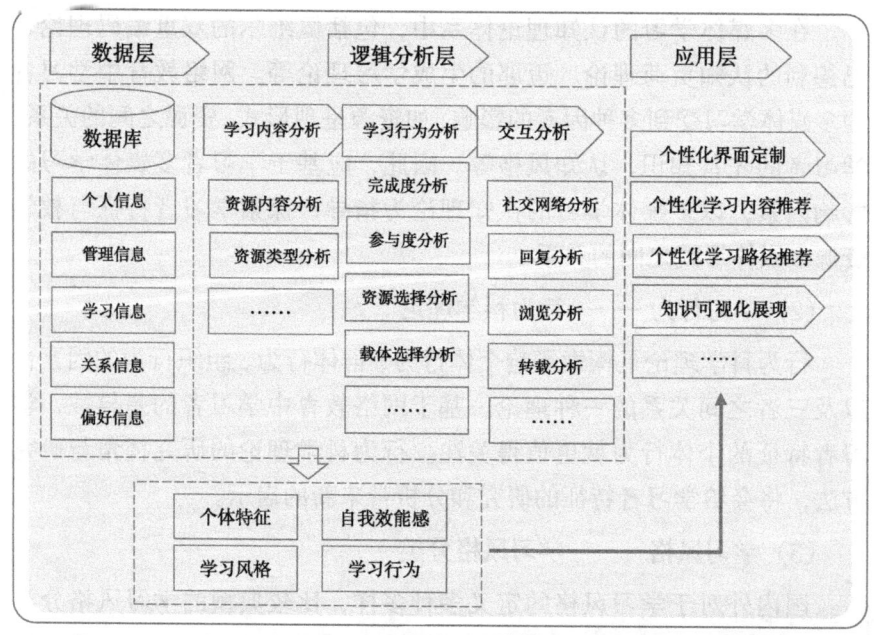

图 2-5　基于远程学习者特征的学习者模型

（三）模型功能

从模型实现的过程来看，该模型应实现以下 3 个功能。

- 实现远程学习者信息的数据获取、分类和处理分析；
- 明确远程学习者特征；
- 实现远程学习者个性化学习支持服务。

从解决的问题来看，该模型应实现以下两个功能。

- 远程学习者信息细化分析处理；
- 能够依据前期远程学习者特征，构建个性化远程学习者模型，为现代远程教育中的学习者提供个性化服务。

教育数据挖掘主要针对现代远程教育学习者的学习行为和学习过程，进行量化处理和分析处理。它可解决学习者模型中以下两个问题。

- 对于不同特点的学生，各自适用怎样的学习路径才能够有效帮助学习者学习；
- 学习行为的取向如何影响学习者的学习成效。该技术主要应用于远程学习者特征模型中学习者特征的获取。

学习分析技术主要针对远程学习者学习过程中产生的各种数据，利用统计学、机器学习等方法对其进行分析。它涉及3个方面的问题。

- 在学习内容上，判断学习者的认知能力，以此决定是否可进行下一知识点的学习，或者预测课程的学习结果；
- 在学习路径上，判断学习者的学习风格，以此决定推荐什么学习路径给学习者，提升学习成效；
- 通过判断学习者的学习态度，决定是否应该给予学习者一定的干预措施。该技术主要应用于远程学习者特征模型中个性化服务的实现。

因此，针对学习风格差异，在资源方面学习内容媒体形式可根据感官通道偏好自适应呈现；在服务方面可针对自主学习、协作学习偏好提供学习方式的智能选择。针对学习效能感，在资源方面可提供个性化学习内容推送和智能检索；在服务方面可提供学习帮助，解决用户学习障碍。

(四)模型数据类型

模型中数据可以概括为三大类型:静态数据(不变量)、动态数据(可变量),以及可推理获得的数据(不变量和可变量)。获取静态数据的过程是远程学习者特征模型初始化的过程,它是在学习者注册远程教育系统时所得到的数据,是逻辑分析层中个性化学习者特征中各要素的数据基础。动态数据则是指学习者模型数据层中的学习相关信息和关系信息,它们是随着学习者的学习进程而不断变化的。可推理获得的数据是学习者模型数据层中的偏好信息,以及逻辑分析层下远程学习者特征中学习风格、学习态度和学习动机的取值。它们是以数据层中学习相关信息和关系信息为基础,通过教育数据挖掘和学习分析技术,收集、分析、统计各学习者特征的维度指标,再根据各学习者特征所定义的相关准则,获得其取值。可推理数据和动态数据的获取过程是远程学习者特征模型的动态更新过程(图2-6)。

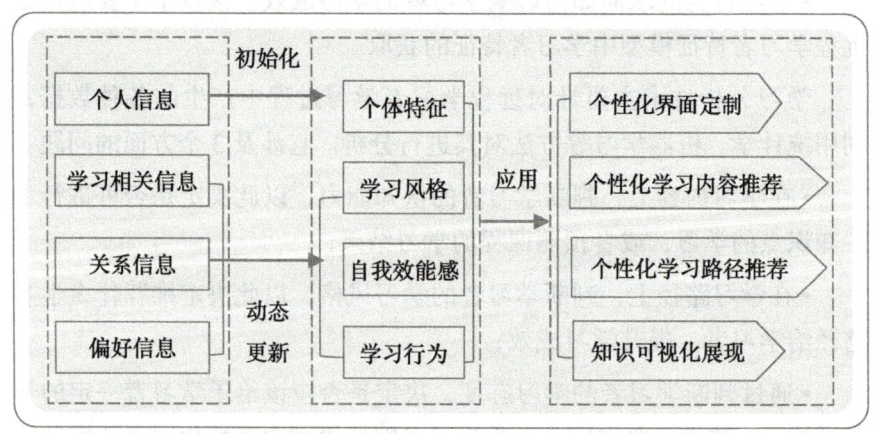

图2-6 远程学习者特征模型数据流向

(五)模型实现技术

在大数据背景之下,通过教育数据挖掘、学习分析以及可视化数据分析等技术,可以有效改善网络教育各类系统,促进其对学习者的了解,以及对学习者学习过程的理解和观测,为个性化干预提供可靠的决策依据,进而提升学习者的学习成效。

1. 教育数据挖掘

教育数据挖掘主要针对网络教育学习者的学习行为和学习过程，进行量化处理和分析处理。它可以解决网络教育个性化学习者模型中的 4 个问题。

- 对于不同特点的学生，各自适用怎样的学习路径才能够有效帮助学习者学习；
- 学习行为的取向如何影响学习者的学习成效；
- 通过什么指标可判断出学习者的认知能力、学习风格、学习态度等；
- 哪些因素可预测学习者学习取得显著成效。

2. 学习分析技术

学习分析技术主要针对学习者学习过程中产生的各种数据，利用统计学、机器学习等方法对其进行分析。学习分析技术通过监测学习者的学习过程，预测学习者的学习成绩，发现潜在问题，由此干预学习者学习过程，来实现个性化学习。它涉及 3 个方面的问题。

- 在学习内容上，判断学习者的认知能力，以此决定是否可进行下一知识点的学习，或者预测课程的最终考核结果；
- 在学习路径上，判断学习者的学习风格，以此决定推荐什么学习路径给学习者，提升其学习成效；
- 通过判断学习者的学习态度，决定是否应该给予学习者一定的干预措施。

3. 可视化数据分析技术

可视化数据分析技术主要是利用数据可视化工具快速抽取、筛选、分析、归纳汇总所需数据，并实时更新具体数据。它通过利用面向文本和图像等媒体类型的、多维的可视化技术，从可视化、人机交互视角出发，将经过筛选、分析归纳后的网络教育各类系统产生的数据呈现出来。

（六）模型搭建环境

网络环境下对农民远程学习者特征进行具体分析主要依赖计算机技术来实现。信息的收集、处理、整合(数据挖掘)是一个系统工程，杂乱的表象信息通过规则运算可以得出学习者特征结果，进而构建远程学习者特征模型系统。与此同时，远程学习者特征模型系统可以更好地辅助远程教育平台的课件直播点播、系统发布管理、定制化需求反馈以及统计分析系统，进而为农民远程学习提供教学资源精准推送及个性化教学服务。

远程教育学习者特征模型系统主要通过无线应用协议方式实现视频教学服务，利用高速无线传输网络，通过TWAP门户网站，终端用户点击视频链接，可以选择在线观看和下载到手机，同时用户能够实现视频的上传和互动功能。流媒体服务器和教学统计管理服务器通过机房网络和安全设备与互联网连接到WAP网关和短信网关，再通过移动无线发射塔与终端用户连接，终端用户从而能够获得流媒体服务器上的教学资源，教学统计管理服务器负责数据的统计分析与管理（图2-7）。

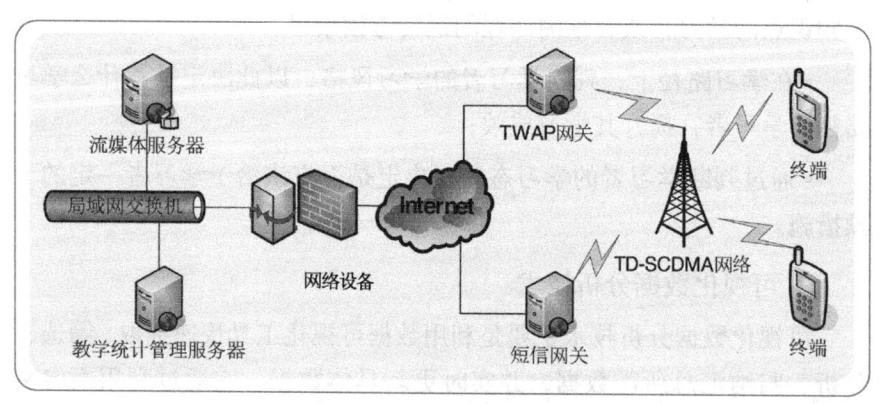

图2-7　整体网络架构

远程教育学习者特征模型系统通过综合管理模块对整个业务进行管理，其中内容分发层主要实现资源推送、资源搜索、资源审核和资源鉴权功能，内容存储层存储的主要是平台的数据库、目录和文件，内容转换层负责视频转换、图片编辑和文本编辑，内容源层主要包括视频、图片、文字以及第三方数据接口（图2-8）。

图2-8　整体业务系统

三、远程学习者特征模型实现

选择北京农民远程教育网作为模型的实现环境。以学习者特征中的个体属性、学习风格和学习效能感这3个属性来实现模型的初始化，其中个体属性的初始化是以学习者信息注册的方式而实现的，学习风格的初始化是利用Felder-Silverman学习风格量表调查表而实现的，学习效能的初始化是利用GSES一般自我效能感量而实现的。以学习者特征中的学习行为属性来实现模型的动态更新，进而探索远程学习者模型在现代远程教育中的应用。

（一）模型初始化

1. 个人信息

远程学习者的个人信息通过平台注册时的用户信息情况登记表获取。从数据库中抽取了对学习者成效有影响的关键信息作为远程学习个体属性的基本属性信息，包括了"地域""性别""年龄""用户类型"4个属性信息。

个人信息的形式化表示如下：

$$Learner\_Profile = (Area, Gender, Age, Type) \qquad （公式2.1）$$

2. 学习风格

学习风格是相对稳定的用户属性，可通过3种方式来测量确定。第一种方式是在用户进行系统注册时通过调查表单确定，由学习者选择自己偏好的媒体类型、资源形式和学习倾向。第二种方式是通过课程的学前诊断性测试来确定，可借助一些成熟的学习风格量表进行，例如，所罗门认知风格测量量表、北京师范大学远程教育研究所研发的远程学习者学习风格量表等。第三种方式是采用大数据分析技术，通过动态数据来推理判定学习者学习风格，输入变量是用户访问不同类型资源（文本、视频、音频或文字讲解、案例分析）的频率。通过系统分析比较可得到学习者的资源形式偏好和学习方式偏好。采取所罗门认知风格测量量表进行研究。

Felder-Silverman学习风格模型是由Felder和Silverman于1988年提出。Felder和Silverman围绕信息加工、感知信息、输入信息及内容理解4个方面建构了学习风格类型。

Felder-Silverman学习风格量表是两位学者开发的问卷，共由44道单选题目组成，这些题目涵盖了学习风格分类的4个维度，并将每个维度相应的题目交叉排列。另外，关于每道题的选项设计主要是从每个维度对应的两种学习风格出发，设置与风格紧密相关的学习行为，并分别标记为a、b两个选项，进而依据用户的答题状况判断用户的学习风格类型。

个体的学习风格计算公式为选择a或b选项数量的较大数减较小数，后缀为较大数的字母，由此可得出个体的学习风格。如果所得结果的数字位越大，表明该生的某项学习风格偏向越明显，个性化需求越高。

学习风格形式化表示如下：

$$Learner\_Style = (<D_1, ls_1>, <D_2, ls_2>, <D_3, ls_3>, <D_4, ls_4>) \qquad （公式2.2）$$

假定学习者在 Felder 学习风格的 4 个维度都存在值 $ls_i (1 \leq i \leq 4)$，则学习者的学习风格可表示为一个四元组。其中，$<D_i, ls_i> (1 \leq i \leq 4)$ 表示学习者在 Felder 学习风格中某个维度的取值，D_i 表示风格取值类型 ($D_i \in \{$ "直觉型-感知型" "视觉型-言语型" "活跃型-沉思型" "综合型-序列型" $\}$)，ls_i 为模糊取值 ($ls_i \in [0,1]$)，代表在学习风格 D_i 维度的取值。

3. 学习效能感

学习效能感是建立在用户自我感知基础上的判定，是用户学习行为的直接动因。班杜拉（Bandura）对自我效能感的定义是指"人们对自身能否利用所拥有的技能去完成某项工作行为的自信程度"。班杜拉（1977）认为除了结果期望外，还有一种效能期望。结果期望指的是人对自己某种行为会导致某一结果的推测。如果用户预测到某一特定行为将会导致特定的结果，那么这一行为就可能被激活和被选择。按照 Bandura 的理论，不同自我效能感的人其感觉、思维和行动都不同。就感觉层面而言，自我效能感往往和抑郁、焦虑及无助相联系。在思维方面，自我效能感能在各种场合促进人们的认知过程和成绩，这包括决策质量和学业成就等。此外，国内外众多研究表明，自我效能感与目标设置高度，两者基本存在着正相关。自我效能感一般使用 GSES 量表进行测量，共 10 个项目，采用李克特 4 点量表形式，涉及个体遇到挫折或困难时的自信心等问题。

学习效能感形式化表示如下：

$$\text{Learner\_Efficacy} = (lE_1, lE_2, lE_3) \quad （公式 2.3）$$

$LE_i (i=1,2,3)$ 用于表示远程学习者的 3 个效能感认知水平，依次为"好""中""差"。LE 主要是通过系统测验的形式获取学习者当前学习效能的认知水平。

（二）模型动态更新

根据前文所述，远程学习者学习行为由个体学习行为和社会性学习行为决定，评价维度的评价指标内容根据学习者学习过程不同数据来确定，具体内容见表 2-5。

表 2-5　学习行为指标具体内容

维度	行为	具体措施	行为指标
个体学习行为	登录行为	登录、退出、在线保持	网站登录次数、有效课程学习次数、有效课程学习时长、视频资源分类学习词频
	阅读资源行为	阅读、下载和转发	
	视频学习行为	阅读、下载和转发	
	管理学习行为	学习笔记、课程定制	
社会性学习行为	信息交流	论坛访问、浏览、回复、发帖	论坛发帖数、评论数、点赞数

资源选择与学习行为回归模型：

$$Resource\_selection = b1 + a1 \times SH + a2 \times ST + a3 \times LT + a4 \times PN + a5 \times LN + a6 \times CN \quad (公式2.4)$$

SH、ST、LT、PN、LN 和 CN 分别表示学习时长、课程学习次数、网站登录次数、论坛发帖数量、点赞数量、评论数量。将运用频次分布统计、交叉列联分析，以及计算均值、标准差等基本描述统计量等方法进行数据处理。之后，输入基础数据按照回归模型进行演算，输出验证结果进行反馈，再根据反馈结果修正回归模型。

四、远程学习者特征模型应用分析

（一）数据收集

研究以北京农民远程教育网（包括智能 TV 和移动微网站）的农村地区用户为研究对象，运用 Felder-Silverman 学习风格量表和 GSES 一般自我效能感量表进行了数据前测，通过问卷星平台和现场问卷发放形式，共回收有效问卷 356 份。之后，分析了与调研问卷数据相匹配的近一年内研究样本学习日志，获得了样本学习行为相关动态数据，包括学习时长（小时）、课程学习次数、网站登录次数、论坛发帖数量、点赞数量、评论数量等。

（二）数据分析

1. 整体情况

用户个人信息情况分析见表2-6。

表2-6 用户个人信息情况分析

	变量		数量	比例/%	均值/标准差
个人特征	性别	男	150	42.13	1.63/0.484
		女	206	57.87	
	年龄	20~30（含）	147	41.29	2.03/1.114
		30~40（含）	102	28.65	
		40~50（含）	68	19.10	
		50~60（含）	27	7.58	
		60以上	12	3.37	
	用户类型	村干部	44	12.36	3.28/1.296
		大学生村官	38	10.67	
		社工	92	25.84	
		普通党员	122	34.27	
		群众	52	14.61	
		其他	8	2.25	
地区特征		所在区	数量	所在区	数量
		大兴	82	怀柔	13
		房山	77	丰台	12
		延庆	43	门头	10
		顺义	37	平谷	9
		朝阳	21	昌平	9
		海淀	21	通州	8
		密云	14	总计	356

2. 学习风格

描述统计发现，此次调查中，整体上，在信息加工方面，57.44%的农民远程学习者偏向活跃性，42.56%的农民远程学习者偏向沉思型；

在感知信息方面，81.38%的农民远程学习者偏向感悟型，18.62%的农民远程学习者偏向直觉型；在输入信息方面，72.89%的农民远程学习者偏向视觉型，偏向言语型的占27.11%；在内容理解方面，61.88%的农民远程学习者偏向序列型，偏向综合型的比例为38.12%。

分性别来看，在信息加工方面，50.00%的男性农民远程学习者偏向活跃性；62.37%的女性农民远程学习者偏向活跃型，卡方检验发现，这一比例差异达到显著性水平，$x_2=4.55$，$df=1$，$p=0.033$；在感知信息方面，82.30%的男性农民远程学习者偏向感悟型，81.44%的女性农民远程学习者偏向感悟型；在输入信息方面，70.54%的男性农民远程学习者偏向视觉型，女性占71.43%；在内容理解方面，61.47%的男性农民远程学习者偏向序列型，女性的比例为61.58%。

分年龄来看，如图2-9所示，以50%为界，在信息加工方面，各年龄段活跃型和沉思型的比例相差较小，只有40～50岁（含）的农民远程学习者更倾向于活跃型；在感知信息方面，各年龄段的农民远程学习者都倾向感悟型；在输入信息方面，只有40～50岁（含）的农民远程学习者没有明显的学习风格倾向，其他年龄段的农民远程学习者均倾向视觉型；在内容理解方面，40岁以上的农民远程学习者更倾向序列型。

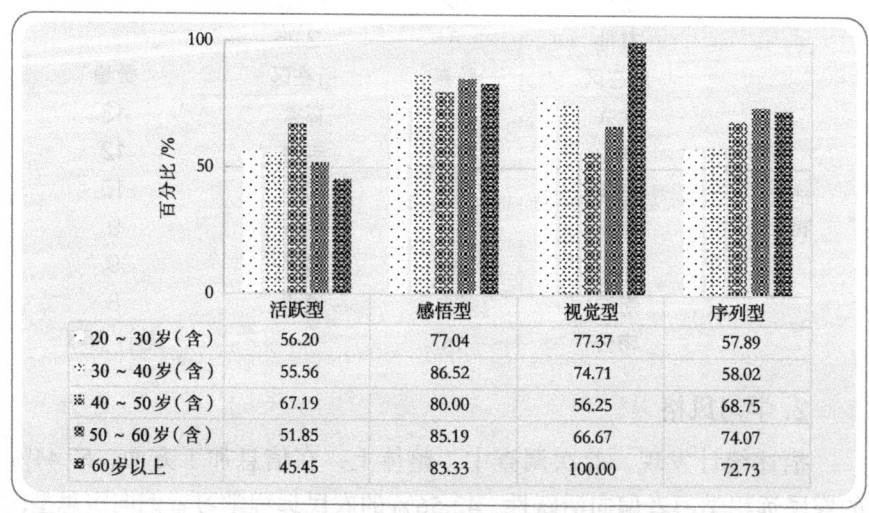

	活跃型	感悟型	视觉型	序列型
20～30岁（含）	56.20	77.04	77.37	57.89
30～40岁（含）	55.56	86.52	74.71	58.02
40～50岁（含）	67.19	80.00	56.25	68.75
50～60岁（含）	51.85	85.19	66.67	74.07
60岁以上	45.45	83.33	100.00	72.73

图2-9　各年龄段农民远程学习者学习风格分布

分用户类型来看，如图 2-10 所示，以 50% 为界，在信息加工方面，村两委干部、社区工作者、普通群众倾向于活跃型；在感知信息方面，各类型的农民远程学习者都倾向感悟型；在输入信息方面，各类型的农民远程学习者都倾向视觉型，尤其是大学生村官；在内容理解方面，各类型的农民远程学习者都倾向序列型。

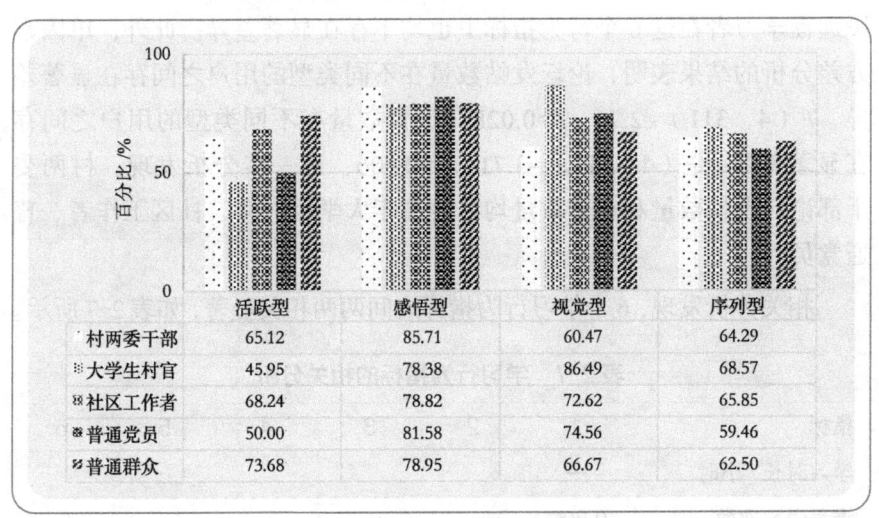

图 2-10　不同类型的农民远程学习者学习风格分布

3. 学习效能感

描述统计发现，整体上，农民远程学习者的一般自我效能感平均得分为 27.21（满分为 40 分）。独立样本 t 检验发现，男性的一般自我效能感显著高于女性，$t=2.804$，$p=0.005$。单因素方差分析表明不同年龄段的农民远程学习者的一般自我效能感差异达到边缘显著，$F=2.37$，$p=0.052$，事后多重比较发现，20～30 岁（含）和 30～40 岁（含）的农民远程学习者一般自我效能感低于 40～50 岁（含）和 60 岁以上的农民远程学习者。此外，单因素方差分析的结果表明，一般自我效能感在不同类型的用户之间不存在显著差异，$F(4, 302)=1.04$，$p=0.389$。

4. 学习行为

学习行为包括学习时长（小时）、课程学习次数、网站登录次数、论坛发帖数量、点赞数量、评论数量 6 个指标。描述统计发现，整体上，年学习时长平均为 10.57 小时，课程学习次数平均为 15.11 次，网站登录次数平均为 11.62 次，论坛发帖数量平均为 4.55，点赞数量平均为 4.53，评论数量平均为 0.3。独立样本 t 检验发现，男性和女性在这 6 个行为指标上均不存在显著差异。单因素方差分析表明不同年龄段的农民远程学习者在这 6 个行为指标上也均不存在显著差异。此外，单因素方差分析的结果表明，论坛发帖数量在不同类型的用户之间存在显著差异，$F(4, 311)=2.76$，$p=0.028$，点赞数量在不同类型的用户之间存在显著差异，$F(4, 311)=3.71$，$p=0.006$，进一步分析发现，村两委干部论坛发帖数量和点赞数量均显著高于大学生村官、社区工作者、普通党员。

相关分析发现，6 个学习行为指标之间两两相关显著，如表 2-7 所示。

表 2-7　学习行为指标的相关分析

指标	1	2	3	4	5	6
学习时长/小时	—					
课程学习次数	0.80**	—				
网站登录次数	0.76**	0.92**	—			
论坛发帖数量	0.50**	0.49**	0.36**	—		
点赞数量	0.49**	0.54**	0.45**	0.84**	—	
评论数量	0.43**	0.47**	0.41**	0.79**	0.93**	—

注：** 代表 $p<0.01$。

5. 教学资源映射

（1）视频资源词频选择次数情况

视频资源词频涉及政治建设、社会建设、经济建设、文化建设、政策建设、典型经验、实用技术等方面，平均总计词频数为 93.16 次。具体来看，政治建设词频平均为 15.16 次，社会建设词频平均为 12.81 次，经济建设词频平均为 10.69 次，文化建设词频平均为 9.75 次，政策建设词频平均为 8.96 次，典型经验词频平均为 8.12 次，实用技术词频平均为 7.54 次。但这些视频资源词频在性别、年龄、用户类型上均不存在显著差异。

相关分析发现，7 种资源词频之间两两相关显著，如表 2-8 所示。

表 2-8　视频资源词频的相关分析

词频类型	1	2	3	4	5	6	7
政治建设词频	—						
社会建设词频	0.99**	—					
经济建设词频	0.96**	0.97**	—				
文化建设词频	0.95**	0.95**	0.99**	—			
政策建设词频	0.94**	0.94**	0.98**	0.99**			
典型经验词频	0.92**	0.92**	0.93**	0.92**	0.92**		
实用技术词频	0.91**	0.92**	0.92**	0.91**	0.91**	0.99**	—

注：** 代表 $p<0.01$。

(2) 视频资源词频数量与学习行为的相关分析

相关分析发现，视频资源词频数量与学习行为指标之间两两存在显著高相关，详见表 2-9。

(3) 视频资源词频数量对学习行为的预测作用

①视频资源词频数量对学习时长的预测作用

线性回归分析发现，政治建设词频能显著正向预测学习时长，$\beta=0.81$，$p<0.001$，$R^2=0.66$，表示政治建设词频对学习时长的解释率为 66%。社会建设词频能显著正向预测学习时长，$\beta=0.82$，$p<0.001$，$R^2=0.66$。经济建设词频能显著正向预测学习时长，$\beta=0.80$，$p<0.001$，$R^2=0.64$。文化建设词频能显著正向预测学习时长，$\beta=0.78$，$p<0.001$，$R^2=0.61$。政策建设词频能显著正向预测学习时长，$\beta=0.77$，$p<0.001$，$R^2=0.59$。典型经验词频能显著正向预测学习时长，$\beta=0.77$，$p<0.001$，$R^2=0.59$。实用技术词频能显著正向预测学习时长，$\beta=0.77$，$p<0.001$，$R^2=0.59$。

②视频资源词频数量对课程学习次数的预测作用

线性回归分析发现,政治建设词频能显著正向预测课程学习次数,$\beta=0.95$,$p<0.001$,$R^2=0.91$,表示政治建设词频对课程学习次数的解释率为91%。社会建设词频能显著正向预测课程学习次数,$\beta=0.96$,$p<0.001$,$R^2=0.91$。经济建设词频能显著正向预测课程学习次数,$\beta=0.97$,$p<0.001$,$R^2=0.95$。文化建设词频能显著正向预测课程学习次数,$\beta=0.97$,$p<0.001$,$R^2=0.94$。政策建设词频能显著正向预测课程学习次数,$\beta=0.97$,$p<0.001$,$R^2=0.94$。典型经验词频能显著正向预测课程学习次数,$\beta=0.94$,$p<0.001$,$R^2=0.89$。实用技术词频能显著正向预测课程学习次数,$\beta=0.95$,$p<0.001$,$R^2=0.90$。

③视频资源词频数量对网站登录次数的预测作用

线性回归分析发现,政治建设词频能显著正向预测网站登录次数,$\beta=0.92$,$p<0.001$,$R^2=0.84$,表示政治建设词频对网站登录次数的解释率为84%。社会建设词频能显著正向预测网站登录次数,$\beta=0.92$,$p<0.001$,$R^2=0.84$。经济建设词频能显著正向预测网站登录次数,$\beta=0.93$,$p<0.001$,$R^2=0.87$。文化建设词频能显著正向预测网站登录次数,$\beta=0.93$,$p<0.001$,$R^2=0.87$。政策建设词频能显著正向预测网站登录次数,$\beta=0.93$,$p<0.001$,$R^2=0.86$。典型经验词频能显著正向预测网站登录次数,$\beta=0.90$,$p<0.001$,$R^2=0.82$。实用技术词频能显著正向预测网站登录次数,$\beta=0.91$,$p<0.001$,$R^2=0.82$。

④视频资源词频数量对论坛发帖数量的预测作用

线性回归分析发现,政治建设词频能显著正向预测论坛发帖数量,$\beta=0.56$,$p<0.001$,$R^2=0.31$,表示政治建设词频对论坛发帖数量的解释率为31%。社会建设词频能显著正向预测论坛发帖数量,$\beta=0.56$,$p<0.001$,$R^2=0.31$。经济建设词频能显著正向预测论坛发帖数量,$\beta=0.52$,$p<0.001$,$R^2=0.26$。文化建设词频能显著正向预测论坛发帖数量,$\beta=0.49$,$p<0.001$,$R^2=0.24$。政策建设词频能显著正向预测论坛发帖数量,$\beta=0.47$,$p<0.001$,$R^2=0.22$。典型经验词频能显著正向预测论坛发帖数量,$\beta=0.53$,$p<0.001$,$R^2=0.28$。实用技术词频能显

著正向预测论坛发帖数量，$\beta=0.51$，$p<0.001$，$R^2=0.26$。

⑤视频资源词频数量对点赞数量的预测作用

线性回归分析发现，政治建设词频能显著正向预测点赞数量，$\beta=0.60$，$p<0.001$，$R^2=0.36$，表示政治建设词频对点赞数量的解释率为36%。社会建设词频能显著正向预测点赞数量，$\beta=0.59$，$p<0.001$，$R^2=0.34$。经济建设词频能显著正向预测点赞数量，$\beta=0.55$，$p<0.001$，$R^2=0.30$。文化建设词频能显著正向预测点赞数量，$\beta=0.54$，$p<0.001$，$R^2=0.29$。政策建设词频能显著正向预测点赞数量，$\beta=0.51$，$p<0.001$，$R^2=0.26$。典型经验词频能显著正向预测点赞数量，$\beta=0.57$，$p<0.001$，$R^2=0.33$。实用技术词频能显著正向预测点赞数量，$\beta=0.56$，$p<0.001$，$R^2=0.31$。

⑥视频资源词频数量对评论数量的预测作用

线性回归分析发现，政治建设词频能显著正向预测评论数量，$\beta=0.53$，$p<0.001$，$R^2=0.28$，表示政治建设词频对评论数量的解释率为28%。社会建设词频能显著正向预测评论数量，$\beta=0.53$，$p<0.001$，$R^2=0.28$。经济建设词频能显著正向预测评论数量，$\beta=0.49$，$p<0.001$，$R^2=0.24$。文化建设词频能显著正向预测评论数量，$\beta=0.48$，$p<0.001$，$R^2=0.23$。政策建设词频能显著正向预测评论数量，$\beta=0.46$，$p<0.001$，$R^2=0.21$。典型经验词频能显著正向预测评论数量，$\beta=0.52$，$p<0.001$，$R^2=0.27$。实用技术词频能显著正向预测评论数量，$\beta=0.49$，$p<0.001$，$R^2=0.24$。

综上所述，视频资源词频数量对学习行为具有显著的正向预测作用，尤其是对课程学习次数、网站登录次数来说，预测作用更为明显，解释率分别为90%、80%以上。其中，对于学习时长、论坛发帖数量、评论数量来说，政治建设和社会建设词频的预测作用最大；对于课程学习次数，经济建设词频的预测作用最大。对于网站登录次数来说，经济和文化建设词频的预测作用最大；对于点赞数量，政治建设词频的预测作用最大。因此，在视频资源上可以增加政治建设、经济建设、文化建设、社会建设词频，以促进学习者的学习行为。

表 2-9 视频资源词频数量与学习行为的相关分析

	1	2	3	4	5	6	7	8	9	10	11	12	13	14
学习时长	—													
课程学习次数	0.796**	—												
网站登录次数	0.761**	0.923**	—											
论坛发帖数量	0.502**	0.489**	0.360**	—										
点赞数量	0.493**	0.542**	0.450**	0.843**	—									
评论数量	0.433**	0.468**	0.406**	0.788**	0.930**	—								
政治建设词频	0.811**	0.951**	0.918**	0.560**	0.597**	0.529**	—							
社会建设词频	0.815**	0.955**	0.915**	0.557**	0.585**	0.532**	0.986**	—						
经济建设词频	0.798**	0.973**	0.931**	0.516**	0.553**	0.493**	0.963**	0.968**	—					
文化建设词频	0.779**	0.970**	0.931**	0.493**	0.538**	0.481**	0.950**	0.954**	0.990**	—				
政策建设词频	0.768**	0.969**	0.925**	0.470**	0.510**	0.459**	0.938**	0.943**	0.979**	0.989**	—			
典型经验词频	0.768**	0.943**	0.904**	0.533**	0.574**	0.520**	0.917**	0.919**	0.929**	0.924**	0.923**	—		
实用技术词频	0.768**	0.946**	0.906**	0.510**	0.557**	0.492**	0.913**	0.915**	0.920**	0.914**	0.911**	0.986**	—	
总计词频	0.806**	0.982**	0.941**	0.533**	0.575**	0.512**	0.973**	0.976**	0.981**	0.975**	0.970**	0.972**	0.972**	—

(三) 模型效果验证

"农村大讲堂"系列课程形式活泼，融合了政策解读、科普知识、典型案例，通过现场采访、实景拍摄的方式直接呈现给用户，深受农村地区用户欢迎。因此，以"农村大讲堂"系列资源为测试课程，以顺义区37个用户测试样本，通过2018年10月1日至2018年12月31日3个月的远程学习追踪来检验模型效果。具体测试课程见表2-10。

表2-10 "农村大讲堂"测试课程

序号	分类			资源名称	时长	主讲人	内容简介
	一级目录	二级目录	三级目录				
1	专题资源库	农村大讲堂	普清	"农村大讲堂"2018年第九期	0:50:51		"政策知多少"版块，重点解读了垃圾治理及资源化利用等问题；"组织的力量"版块，介绍了顺义区李桥镇英各庄村两委，面对村民利益诉求不一、矛盾突出的现状，结合村内实际，开出一张张化解村内矛盾的良方，带领村民向和谐、美好生活大步迈进的故事；"榜样在身边"版块，介绍了顺义区南彩镇小营村第一书记赵建亮，以小营村为自己的第二故乡，抓党建、促发展，脚踏实地、兢兢业业，为小营村注入了新的生机；"文化驿站"版块，是由高丽营一村村民自编自导自演的评剧《十九大光辉照俺村》
2	专题资源库	农村大讲堂	片段集锦	"农村大讲堂"2018年第九期：榜样在身边	0:05:54		本版块介绍了顺义区南彩镇小营村第一书记赵建亮，以小营村为自己的第二故乡，抓党建、促发展，脚踏实地、兢兢业业，为小营村注入了新的生机
3	专题资源库	农村大讲堂	片段集锦	"农村大讲堂"2018年第九期：文化驿站	0:08:30		本版块是由高丽营一村村民自编自导自演的评剧《十九大光辉照俺村》，主要讲述村里的文化宣传员小翠，从镇里学习十九大精神归来，采用"答记者问"形式跟村民们互动交流，深入学习领会十九大精神，在群众中掀起了一股宣传贯彻十九大精神的热潮

续表

序号	分类 一级目录	分类 二级目录	分类 三级目录	资源名称	时长	主讲人	内容简介
4	专题资源库	农村大讲堂	片段集锦	"农村大讲堂"2018年第九期：政策知多少	0:18:31	冯建国	本版块重点解读了垃圾治理及资源化利用等问题
5	专题资源库	农村大讲堂	片段集锦	"农村大讲堂"2018年第九期：组织的力量	0:14:51		本版块介绍了顺义区李桥镇英各庄村两委，面对村民利益诉求不一、矛盾突出的现状，结合村内实际，开出一张张化解村内矛盾的良方，带领村民向和谐、美好生活大步迈进的故事
6	专题资源库	农村大讲堂	普清	"农村大讲堂"2018年第十期	0:39:07		"政策知多少"版块，介绍了什么是数字乡村、数字乡村对"三农"的影响，国内外数字乡村建设的经验做法、北京市应该重点学习借鉴哪些方面等内容；"组织的力量"版块，讲述了大兴区三间房村两委，根据北京市疏解整治促提升和"三大行动"的要求，清理村内"三合一""多合一"等存在安全隐患的加工企业，拆除私搭乱建，打通消防通道，带领村民戮力同心、共筑平安的故事；"榜样在身边"版块，介绍了北京市大兴区庞各庄镇南地村75岁的老共产党员孔晖，身为大学副教授的他退休后在自己家免费给农村孩子补习英语，并且自费给孩子们购买发放书本、零食的事迹；"文化驿站"版块，以歌曲的形式展现了亦庄镇邻里和谐的美好生活
7	专题资源库	农村大讲堂	片段集锦	"农村大讲堂"2018年第十期：榜样在身边	0:05:54		本版块介绍了北京市大兴区庞各庄镇南地村75岁的老共产党员孔晖，身为大学副教授的他退休后在自己家免费给农村孩子补习英语，并且自费给孩子们购买发放书本、零食的事迹
8	专题资源库	农村大讲堂	片段集锦	"农村大讲堂"2018年第十期：文化驿站	0:04:06		本版块以歌曲的形式，展现了亦庄镇邻里和谐的美好生活

续表

序号	分类			资源名称	时长	主讲人	内容简介
	一级目录	二级目录	三级目录				
9	专题资源库	农村大讲堂	片段集锦	"农村大讲堂"2018年第十期：政策知多少	0:11:23	李道亮	本版块介绍了什么是数字乡村、数字乡村对"三农"的影响，国内外数字乡村建设的经验做法、北京市应该重点学习借鉴哪些方面等内容
10	专题资源库	农村大讲堂	片段集锦	"农村大讲堂"2018年第十期：组织的力量	0:14:24		本版块讲述了大兴区三间房村两委，根据北京市疏解整治促提升和"三大行动"的要求，清理村内"三合一""多合一"等存在安全隐患的加工企业，拆除私搭乱建，打通消防通道，带领村民戮力同心、共筑平安的故事
11	专题资源库	农村大讲堂	普清	"农村大讲堂"2019年第一期	0:38:42		"政策知多少"版块，介绍了北京市农村地区公厕的情况，厕所革命过程中的科技引领、达标改造、规范运行等方面的内容；"组织的力量"版块，讲述怀柔区桥梓镇北宅村两委，面对村庄发展与环境保护之间的矛盾，利用山清水秀的自然条件发展第三产业，带领村民致富的故事；"榜样在身边"版块，介绍了北京林生泽种植专业合作社社长吴军伶从一次次失败中成功转型，并带动残疾人和困难户共同致富；"文化驿站"版块，用一曲京东大鼓唱尽了京郊怀柔的秀美山水和发展前景，带大家领略怀柔独特的风韵
12	专题资源库	农村大讲堂	片段集锦	"农村大讲堂"2019年第一期：榜样在身边	0:06:19		本版块介绍了北京林生泽种植专业合作社社长吴军伶的故事。她笑对坎坷，从一次次失败中成功转型，并带动残疾人和困难户共同致富
13	专题资源库	农村大讲堂	片段集锦	"农村大讲堂"2019年第一期：文化驿站	0:04:40		本版块用一曲京东大鼓唱尽了京郊怀柔的秀美山水和发展前景，带大家领略怀柔独特的风韵

续表

序号	分类			资源名称	时长	主讲人	内容简介
	一级目录	二级目录	三级目录				
14	专题资源库	农村大讲堂	片段集锦	"农村大讲堂"2019年第一期：政策知多少	0:13:16	齐志强	本版块介绍了北京市农村地区公厕的情况，厕所革命过程中的科技引领、达标改造、规范运行等方面的内容
15	专题资源库	农村大讲堂	片段集锦	"农村大讲堂"2019年第一期：组织的力量	0:11:24		本版块讲述怀柔区桥梓镇北宅村两委，面对村庄发展与环境保护之间的矛盾，利用山清水秀的自然条件发展第三产业，带领村民致富的故事

通过分析测试用户在3个月内的视频学习次数、学习时长变化趋势，对模型的有效性进行了初步验证。通过图2-11可以明显看出，随着学习月份的递增，学习时长呈现上升趋势。

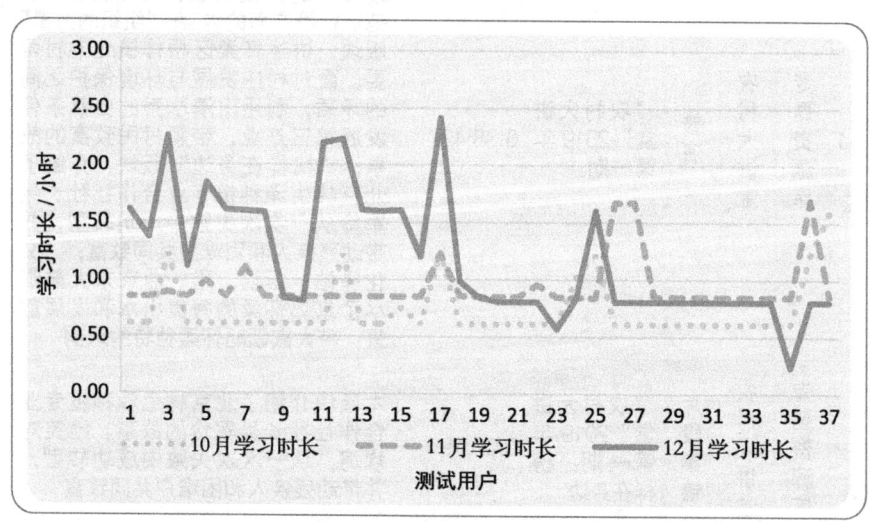

图2-11 测试用户《农村大讲堂》学习时长趋势图

根据用户学习效果统计分析，86.49%的测试用户学习时长递增呈正向，32.43%的测试用户学习次数递增成正向，35.14%的测试用户学习次数递增成负向（表2-11）。

表 2-11 测试用户学习次数和学习时长递增情况

用户序号	信息加工 *	感知信息 **	输入信息 ***	内容理解 ****	学习次数递增率 / %	学习时长递增率 / %
1	1	1	1	1	22.47	89.71
2	2	2	1	2	41.42	73.86
3	1	1	2	2	73.21	62.34
4	1	1	1	1	0.00	62.27
5	1	1	1	1	41.42	62.20
6	1	2	2	1	0.00	61.78
7	1	2	1	2	41.42	61.60
8	2	2	1	1	41.42	61.36
9	1	1	1	2	58.11	49.64
10	1	1	1	2	0.00	46.45
11	2	2	1	1	0.00	40.21
12	1	1	2	1	0.00	39.43
13	1	1	1	2	58.11	35.92
14	2	2	1	1	58.11	35.16
15	1	2	1	1	15.47	35.13
16	2	2	1	1	0.00	26.72
17	2	1	2	1	0.00	17.49
18	2	1	2	1	41.42	17.01
19	2	1	1	2	41.42	15.50
20	2	1	1	1	−29.29	14.74
21	2	1	1	1	−29.29	14.74
22	1	1	1	2	−29.29	14.74
23	1	1	1	2	−29.29	14.74
24	2	1	1	2	−29.29	14.74
25	1	1	2	1	−29.29	14.74
26	2	1	1	2	0.00	14.74
27	1	1	1	1	0.00	14.74
28	1	1	1	1	−29.29	14.74
29	1	1	2	1	−29.29	14.74
30	1	1	1	1	−29.29	14.74
31	1	1	1	1	−18.35	14.68
32	1	1	1	1	0.00	14.45
33	2	2	1	1	0.00	−3.60
34	2	2	2	1	0.00	−9.53
35	2	2	1	1	−42.26	−18.91
36	2	2	1	2	−42.26	−28.86
37	1	2	2	2	−29.29	−38.07

注：*1= 活跃型，2= 沉思型　**1= 感悟型，2= 直觉型
***1= 视觉型，2= 言语型　****1= 序列型，2= 综合型

通过方差分析检验可知，学习时长递增率 F=4.601，p=0.001，学习效果影响显著。学习次数递增率 F=1.044，p=0.448，学习效果影响不显著（表 2-12）。

表 2-12 Levene's 同质性检验

因变量	F	df1	df2	显著性
学习时长递增率	4.601	13	23	0.001
学习次数递增率	1.044	13	23	0.448

由于测试样本数量较小，借助残差分析，可以比较清晰地看出波动分析，以及预测趋势走向。通过残差图（图 2-12）可知，在学习时长递增率方面，学习模型有正向提升作用。

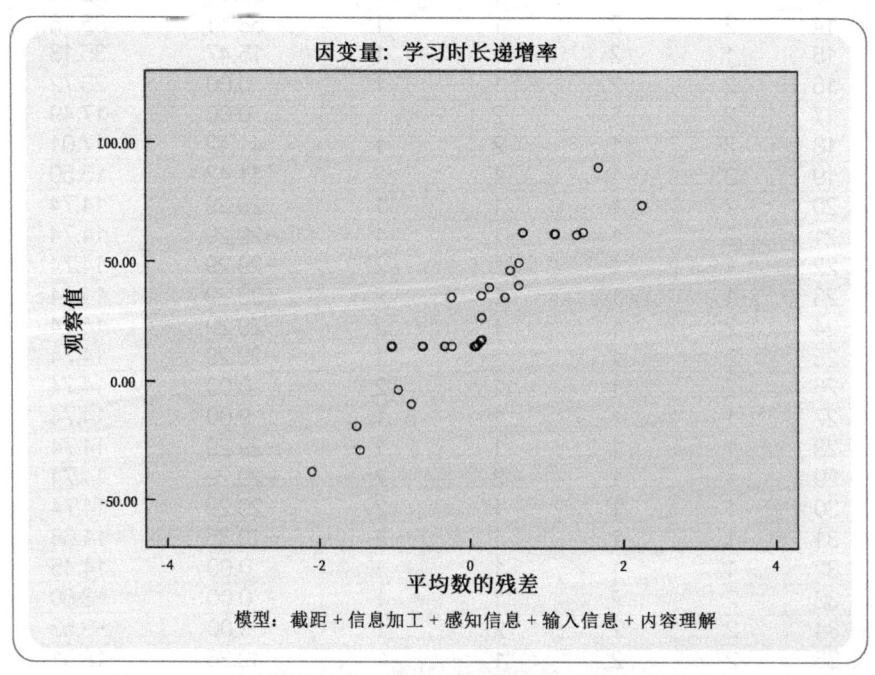

图 2-12 学习时长递增率残差

五、研究结论及建议

农民远程学习者特征模型具有4个特点：第一，依据 CELTS-11 学习者模型规范对个性化学习者模型的数据基础层进行了梳理，避免了一般模型中基础层数据的杂乱和重复。第二，对学习者特征的定位，在原有个体属性特征基础上，增加了学习风格、学习效能感这两个学习者特征，丰富了学习者特征体系。第三，具备层级性特点。由数据层、逻辑分析层和应用层构成，并且各层级间具有关联性，较好地弥补了已有学习者模型的薄弱之处。第四，强调个性化支持服务。设计过程中综合考虑模型应用方面，将模型设计延伸到应用层，设计了个性化界面定制服务、知识可视化服务、个性化学习内容推荐服务、个性化学习路径推荐服务等个性化支持服务。

结合农民学习者特征模型，建议在以各类新型农业经营主体（专业大户、家庭农场、农民合作社、农业产业化龙头企业）、各类农业产业园区和基地作为培育对象的同时，兼顾低收入村、低收入户农民培训，以及村党政领导干部培训，实现各类人员培训全覆盖。对新型生产经营主体、产业园区和基地主要负责人员按生产经营型进行培训。突出抓好家庭农场和农民合作社两类新型农业经营主体，重点实施家庭农场培育计划和农民合作社规范化培训。对从事农业劳动作业的农民和长期从事农业产前、产中、产后服务人员，按专业技能型和社会服务型人员进行培训。对农村基层管理干部按照生产经营型和农村基层管理者进行培训。

（一）个性化学习资源的建设策略

远程教育课程资源建设既要考虑资源录制的可操作性，又要考虑学习者的可学性。一是实现跨媒体多终端同步资源建设，通过对内容进行精细化加工处理，形成结构化的视频资源库，增强视频教学资源共享性。二是根据农村远程教育用户实际应用情况，加快开发制作碎片化、按知识点切分的微课程，增强视频教学资源实用性。三是对教学资源进行优化整合，按照既定目标人群的角色特征提供搜索引导服务，增强视频教学资源便利性。四是根据数据资源应用评价反馈信息调整数据资源的采集、更新与维护管理，增强视频教学资源的易维护性。

（二）个性化学习路径的建设策略

农村远程教育需以学习者学习目标、认知水平、资源偏好等个性化特征为依据，为其推荐能发挥其特性，且满足其实际需求的学习路径。一是优化课程标签系统，综合考虑用户的语言偏好和使用习惯准确表达标签所代表含义，确保标签一致性。二是优化学习导航系统，对现有导航系统进行逐一检查和评估，完善全局导航系统、局部导航系统与语境导航系统。三是优化资源检索系统，根据用户定制检索要求，进一步明晰搜索引擎检索选项。四是增加知识体检系统，用户远程学习前，通过测试等手段明确知识水平、学习风格等情况，为远程教育培训工作开展提供真实、完整的参考数据和评价标准。

（三）个性化学习支持管理的建设策略

个性化学习支持管理是实现个性化学习服务匹配的关键保障，对农村远程教育目标群服务模式应用至关重要。一是注重各类信息分类的合理性，评估层级结构的深度和广度，防止产生教学资源和用户信息路径错误的情况。二是注重内容选择、排序与呈现方式，支持用户自行选择和按照用户需求予以个性化呈现。三是注重个性化信息组织与管理，在提高信息利用率的同时为信息重组提供可能，同时提高网络运行速度和站点硬件设备功能。四是注重平台资源更新计划与更新频率，增强平台吸引力。五是建立常态化的学习支持相应机制，定期分析汇总平台常见问题、网站课程设计缺陷、用户新需求等内容，为远程学习者特征模型优化和目标群精准服务模式完善提供决策依据。

参考文献

陈丽，张伟远，郝丹，2005. 中国远程学习者学习风格特征的三维模型 [J]. 开放教育研究，11(2): 48-52.

陈琦，刘儒德，2004. 当代教育心理学 [M]. 北京：北京师范大学出版社.

丁兴富，2009. 远程教育学 [M]. 北京师范大学出版社.

冯锐，2006. 网络学习支持系统中学生特征分析模型的构建及技术实现 [J]. 中国电化教育 (12): 101-103.

胡志金，2008. 对远程学习者分层的研究 [J]. 中国远程教育：综合版 (1): 34-41.

邱百爽，赵蔚，刘秀琴，2008. 基于语义网的自适应学习系统中用户模型的研究 [J]. 开放教育研究，14(4): 106-111.

孙治国，孙丽青，赵铁成，等，2016. 国内远程开放教育学习者特征研究的五年综述：以 2010—2014 年核心期刊文献为例 [J]. 中国远程教育 (8): 5-12.

王欢，2009. 远程学习者特征模型的研究现状 [J]. 中国教育技术装备 (20): 82-83.

王迎，安玉洁，黄荣怀，2006. 远程学习者特征模型的构建研究 [J]. 开放教育研究，12(1): 47-53.

王泽，2010. 网络环境下在校学习者特征模型的构建研究 [J]. 中国电化教育，3: 58-61.

吴战杰，2004. 网络远程教育中学习者特征分析体系的构建及学生模型（studentmodel）的设计 [D]. 西安：陕西师范大学.

徐学锋，裴纯礼，2001. 教育技术及其在发展和应用中存在的问题 [J]. 电化教育研究 (10): 6-9.

杨开城，2005. 以学习活动为中心的教学设计理论 [M]. 北京：高等教育出版社.

岳俊芳，陈逸，2017. 基于大数据分析的远程学习者建模与个性化学习应用 [J]. 中国远程教育 (7): 34-39.

张舸，周东岱，葛情情，2012. 自适应学习系统中学习者特征模型及建模方法述评 [J]. 现代教育技术，22(5): 77-82.

庄科君，贺宝勋，2015. 网络学习个性化推荐系统学习者模型研究 [J]. 中国教育技术装备 (9): 67-69.

KAYE A, RUMBLE G, 1981. Distance teaching for higher and adult education (1st ed.) [M]. Routledge.

第三章
农民远程教育知识图谱智能化研究与应用

党和国家历来重视农民的科技培训工作，随着我国全面进入以工补农、以城带乡的发展时期，对农民培训质量和效益的要求越来越高。针对农民在线培训存在知识碎片化、知识结构混乱等资源构建技术瓶颈，在线资源的获取便捷性、知识适用度仍存在较大提升空间，另外，还存在在线培训过程的指导不足、农民自主学习意识与能力有待提升等问题。

第一，创新应用自然语言处理人工智能技术，推动资源多维语义聚合和知识发现。

资源多维度体系化关联的 3 项关键技术分别如下。一是基于规则和词典、基于信息熵和互信息新词发现、基于 Bi-LSTM+CRF 模型的命名实体识别技术。领域专家构造规则模板，选用特征包括统计信息、标点符号、关键字、指示词和方向词、位置词、中心词，以模式和字符串相匹配为主。将字典加入切词工具的自定义词库，实现正常识别。二是基于模板和 BERT 关系分类模型的关系抽取技术。研究农业领域词条写作规律和句式结构，分析相关概念实体与概念定义之间的特征，构建抽取的语言模板，通过模板从文本中匹配出实体之间的关系。三是将实体概念作为主题与上下文关联，解决实体信息不足与上下文词语稀疏问题的实体链接技术。运用自然语言处理技术，以及词向量分析、关键词提取、相似度比较、聚类分析和基于知识图谱的语义解析等技术手段，识别出用户学习的视频、文本知识点，利用流媒体技术把视频课件和知识点结合生成互动课件，构建课程聚合模型。

第二，融合应用自然语言理解、语音识别等技术，建设农业知识图谱智能化平台。

采用面向服务(Service-Oriented Architecture，SOA)的体系架构，通过良好的接口和契约将独立的应用程序及各互动服务模块联系起来。知识图谱智能化平台包括从底层渠道数据对接层，到中层的平台能力层，再到面向用户的应用层。基于农业领域知识图谱数据，获取实体名称、实体属性、实体关系，结合领域试题库常用问法，设定出题模板，实现农业领域知识的自动出题功能。语音识别技术实现从"声音"到"文字"的转换，通过将人的语音直接转换成相应的文本以便计算机进行理解和产生相应的操作，并最终实现人与机器之间的自然语音交互。

第三，研究分析实时监测及可视化技术，提供用户远程交互和政府政策决策支撑。

知识图谱智能化平台定义了一套专有的农业知识框架，将知识之间的关联表示成节点之间的连接，依托图数据库的强大能力，通过力导图的形式将知识图谱可视化展示。用户通过筛选条件、筛选概念与实体值，选择三元组的上限值及半径等展示对应的图形，实现实时的"实体-关系-实体"三元组查询。在农业领域知识图谱和用户画像的基础上，挖掘用户画像和资源特征描述文本中的相关语义，捕捉用户行为数据与资源语义特征间的关联，对用户和资源之间的语义特征进行匹配。利用LDA（Latent Dirichlet Allocation）主题模型、语义关联聚类等技术建立用户推荐算法，实现学习资源、互动资源智能推荐。

一、农民远程教育知识图谱研究动态

（一）知识提取

在以结构化数据和文本、音频课件、视频课件非结构数据为基础，集成应用自然语言处理、语音识别和大数据分析技术，进行知识提取、融合、加工，构建农业领域知识图谱研究方面，主要进展如下。

Qiao 等（2022）基于 BERT 预训练语言模型中引入的联合提取模型 LSTM- LSTM-Bias，提出一种农业实体关系联合提取模型 BERT-BILSTM-LSTM，并将其应用于标准数据集 NYT 和自建农业数据集 AgriRelation。

Qiao 等（2017）以农业叙词表为基础，确定了判断叙词表是概念还是实体的规则，建立了从农业叙词表到农业知识图模式层和数据层的地图，实现了从农业叙词表到农业知识图谱的大规模自动构建。为了有效管理和利用三元组，提出了基于 RDF 的三元组存储模式的三元组管理数学模型，为基于语义的农业信息检索和问答系统构建奠定了基础。

曹雨晴等（2022）基于科技文献、科研活动等通用数据资源和组学科研数据等专业领域知识资源，以水稻粒型基因领域为例，探索具有一定普适性，兼顾知识覆盖广度和深度，并可充分集成整合多源异构数据和知识的领域知识图谱构建方法。

张宇等（2022）提出了基于 Neo4j 的草莓知识图谱构建方法，获取草莓相关的文献、网页和书籍等文本信息，使用模块化和格式化导入知识解决了 CREATE 语句导入速度缓慢问题，可更快、更准确地获得三元组。

国帅（2021）根据农业政策信息和农业相关数据信息，爬取农业百科数据，使用 BERT+BiLSTM+CRF 实现实体的识别，通过识别的实体结合原始文本内容，构建基于本体的农业信息知识图谱，将农业信息知识组织成知识网络。

许鑫等（2021）利用爬虫技术，爬取小麦品种信息、微百科、词条，基于知识图谱技术，设计品种知识图谱实体与关系，对抓取数据进行清洗、抽取与融合，经过实体识别、关系构造等处理，构建实体 258 484 个，关系 328 933 个，并设计了小麦品种知识存储方式，结构化数据存储在 MySQL 中，非结构化数据存储在 MongoDB 中，构建了小麦品种知识图谱。

李悦（2021）基于《农业科学叙词表》、病虫害权威专著《中国农作物病虫害》和国家农业图书馆的文献资源，构建了含有13个一级类、25个二级类、20个三级类，15个一级对象属性，36个一级数据属性的农作物病虫害领域本体，并基于OWL+SKOS语言对本体进行形式化表示，基于BERT-Bi LSTMCRF模型、实体链接等技术方法，完成了结构化、非结构化数据的半自动化知识抽取、知识融合实验，并运用Neo4j进行知识存储，形成了含有9类实体、9种关系，共计16 842个节点、24 303个三元组的农作物病虫害知识图谱。

吴赛赛等（2020）提出了一种基于深度学习的作物病虫害知识图谱构建方法。采用Python编程语言Scrapy框架对中国作物种质信息网作物病虫害知识网站进行数据爬取，通过病虫害本体构建、半结构化知识抽取，利用来自转换器的双向编码器表征量（BERT）-双向长短期记忆网络（BiLSTM）+条件随机场（CRF）端到端模型进行试验，将抽取到的知识存储到Neo4j图数据库中。

于婷婷（2020）以农业作物知识图谱为研究对象，利用《农业科学叙词表》、条件随机场模型、双向长短期记忆循环神经网络模型和BERT模型等理论方法，开展对农业作物知识图谱模式构建和属性抽取研究。

王丹丹（2020）开发爬虫程序获取Web端及公开数据集和农业语义词典上的水稻数据，综合应用自然语言处理技术完成数据预处理；调用D2R将结构化数据转换为RDF模式；针对半结构化和非结构化数据，借助语义模板和正则表达式对实体及其属性值进行提取，采用基于模式匹配的方法实现非分类关系的抽取；并对本体进行融合，在水稻专家的参与及指导下，对水稻知识图谱进行构建与完善。

乔波（2019）利用《农业科学叙词表》、循环神经网络模型、条件随机场模型、集成学习、实体关系联合抽取模型、BERT模型等理论和方法，开展了农业知识图谱的模式构建和知识获取研究。

李道亮等（2016）提出了基于本体的农业知识图谱构建方法，创建了涵盖3 550类、530个语义关系和1.4万个本体实例的知识图谱库；突破了海量农业数据的多态超融合存储技术，构建了 1 031 个结点 100TFlops 总计算能力的农业云存储环境。

在国内专利文献中，兰飞等（2022）公开了一种知识图谱的构建方法、系统及存储介质，步骤包括：从百科类网站、农业类网站及农业类电子书籍获取原始语料；采用基于 BERT 的多任务联合 SPO 提取方法，从原始语料中抽取出三元组；对抽取出的三元组进行知识融合，得到初级三元组；校验初级三元组，得到高级三元组；对高级三元组进行归类，形成知识图谱。

方佩等（2021）公开了一种基于农业领域文本的语义理解方法及系统，其步骤包括：获取农业领域文本数据；对文本数据进行分词及词性标注，根据文本数据上下文信息对进行分词及词性标注后的文本数据进行实体处理；构建同源文本数据的基础知识图谱和异源文本数据的语义知识图谱；将处理后的文本数据进行组合形成分词标注模型、实体识别模型和语义识别模型；对文本数据进行迭代更新及对知识图谱进行实时更新。

王海荣等（2020）公开了一种宁夏水稻知识图谱构建方法，借助水稻语义词典、爬虫程序及政府公开数据获取水稻领域数据；对预处理后的数据进行模式转换，针对非结构化数据定义规则进行实体及其属性值的抽取，采用基于模式匹配的方法完成非分类关系的抽取；将模式转换后生成的多个 RDF 导入 Protégé 中，利用 Merge ontogies 对本体进行融合，在水稻专家的参与及指导下进行知识补全与修正，完成宁夏水稻知识图谱的构建。

吴良顺（2019）公开了一种基于农业领域数据（百科/百度百科等公开的百科网站）的农业知识图谱构建方法，包括：获取目标区域的农业领域数据、构建语料库、识别实体概念、根据预设筛选规则筛选农业实体、语料解析与关系提取、农业实体关联关系建立。

（二）内容识别和语音识别

通过知识图谱、机器学习、流媒体技术，实现农业视频课件内容知识点识别定位，采用基于 pytorch 深度学习框架对农业领域知识图谱的知识语料进行语音训练，在农业领域知识库语音识别准确率研究方面，研究进展如下。

Tang 等（2017）报道了用于关键词识别的卷积神经网络的 Pytorch 再现工具 Honk，可用于语音识别，对谷歌最新发布的语音命令数据集的评估表明，该工具在准确性上具有可比性，并为后续关键字定位任务奠定了基础。

Fu 等（2021）报道了基于 Pytorch 的培训和评估框架作为基线系统、用于会议场景中语音增强、分离、识别和说话人分类的开源数据集 AISHELL-4。

Liang 等（2022）基于 Pytorch 实现了连接时序分类和注意力（连接时序分类＋注意力）模型的混合模型，并在多语言环境中评估了提出的混合连接时序分类＋注意力模型在多种语音的语音识别方面的效果。

张正超等（2022）基于计算机视觉，采用 Pytorch 框架，Resnet50 迁移学习，余弦退火学利率衰减算法，对数据集进行训练获得高识别率、高效率的模型；用 MYSQL 数据库和 Pyside2 搭建前端界面实现玉米 4 种病害 8 种状态的病害识别系统。结果显示该系统识别准确率达到 81% 以上。

申仲峰（2019）基于 Pytorch 框架利用 AlexNet 模型对狗尾草、马唐、苍耳以及牛筋草等 12 种杂草的图像数据集进行训练和测试，结果显示杂草识别准确率达到 95.65%。

温皓杰等（2016）以蔬菜病害知识视频为对象，基于多模态融合的视频分割技术建立了蔬菜视频镜头库；结合蔬菜知识中文词典，基于多模态融合的视频内容识别方法对蔬菜视频镜头库进行文本标注；对识别结果进行基于知网的语义相似度度量，构建了蔬菜病害知识视频语义场景模型，通过度量相邻镜头的相似度对语义相近的镜头进行聚类。结果表明该方法检测蔬菜视频语义场景的查准率达到 96.9%。

陈俊伸等（2020）公开了一种基于深度学习的水稻病斑检测方法及系统，通过采用 Pytorch 深度学习框架的 Linknet 网络模型，提升了水稻叶片病斑识别的泛化能力以及野外实用性，提高信息利用率。

周彬（2019）公开了一种基于深度学习的文本意图识别方法、装置及设备，其通过利用基于 Pytorch 框架的 CapsNet 模型提高了文本意图识别的准确率。

（三）智能出题

Dai 等（2021）构建了一个智能教学系统，允许教师基于本体可视化地建立课程知识模型。该系统使用由全局预测精度优化算法自动生成的测试来评估学生的学习情况；根据学生学习情况和基于节点贡献的知识图谱结构分析，实现学习诊断模块；资源推荐模块通过学习资源的重要性排序来实现。

Lv 等（2021）提出了一种基于加权知识图谱的学生智能练习推荐方法（WKG-R），其中每个节点表示由学生能力加权的知识点，两个知识点之间的箭头边表示其先决关系。并通过真实课堂教学实践来证明 WKG-R 方法的有效性。

洪传旺（2019）研究了智能在线教育平台"微课堂"的知识考核子系统的设计与实现，该系统的业务模块主要包括知识图谱管理、试卷维护、考试维护、考核分析 4 个模块，其中知识图谱管理模块负责知识点管理和学习目标的管理，试卷维护模块负责试题的管理以及试卷的管理。

牟建明（2019）提出一种基于知识图谱的试题知识点自动提取方法，实现了对大量标准题库中试题知识点的自动提取，该方法采用命名实体识别、关键词提取、计算关键词语义相似度等自然语言处理技术构建高中数学知识图谱。数学试题通过自定义的词典和规则进行分词、实体识别和关键词提取后得到候选关键词，将候选关键词带入到高中数学知识图谱中查询，并根据查询结果得出数学试题考查的知识点和更新知识图谱。

段玉聪等（2018）提出通过引入知识图谱作为媒体层整合基于内容和协同过滤两种方法来提高推荐质量，并且通过云环境构建测试推荐系统。

国内专利文献中，李菊等（2022）公开了一种基于相似性控制的智能出题方法及系统，通过为组题的每个知识点选取基准题，计算候选题与基准题相似性，选取余下题目组成一套测试题的策略，以自动控制题目之间的相似性。

秦曙光等（2021）公开了一种智慧课堂智能出题方法及系统，对学生每一次测评都计算其对各个考点的得分，并据此计算该学生对各个考点的掌握情况得分，在新一次测评中，对于选定考点，根据该学生对其掌握情况得分来自动选题，从而可以根据学生每次的考点掌握程度自动出题，保障出题的针对性和难易程度的均衡性。

孙显等（2021）提出一种基于深度学习的样本数据集智能出题方法、装置及设备，包括：获取搜索文本，根据搜索文本生成句表征向量；提取数据库中数据的特征，生成数据的特征向量；其中，数据库中数据包括图像信息或文本信息或非结构化数据；根据句表征向量及数据的特征向量计算搜索文本和数据的距离相似度；根据距离相似度排序获取与搜索文本匹配的数据。

邓登辉等（2021）公开了一种在线教育直播课堂智能出题的系统，利用本发明系统和方法，老师可以自定义添加或通过题库引用制定随堂练习和课后作业的题目，直播课堂期间系统自动匹配并发布随堂练习，通过记录学生答题情况，得出学生对知识点的掌握情况，并以此为依据在课后有针对性地为学生制定课后习题。

王子彤等（2019）公开了一种基于人工神经网络的智能出题方法及系统，利用人工神经网络进行自然语言语义提取，抽取文字特征，生成与段落内容密切相关的多形式题目。

崔炜等（2019）公开了一种基于人工智能的学习效果检测方法，可以根据学生对学习知识点的学习情况，提供相应的检测题目给学生进行检测。通过知识图谱的方式更有效地找到学生的薄弱知识点，来评价学生对知识点的掌握情况，能够为学生制定个性化的全面检测方案。

（四）知识语料库

在农业领域的知识语料库，建立基于智能问答对、智能问答模板库、可视化可编程的话术流程设计及知识图谱表示方法的智能问答引擎研究方面，研究进展如下。

Chen 等（2019）提出了农业知识图谱 AgriKG，用于自动整合互联网上的大量农业数据。通过应用自然语言处理和深度学习技术，AgriKG 可以从非结构化文本中自动识别农业实体，并将它们链接起来形成知识图谱，并演示了 AgriKG 的典型应用场景，如农业实体检索和农业问答等。

Qin 等（2020）为了建立垂直知识图及其在农业领域的辅助应用，提出了一套农业知识图的构建方法、计算框架和实际应用系统。首先，提出了农业领域知识图自动和手动双重模式的智能构建方法，以及实体关系联合模型提取实体关系和不规则数据智能检索的关键技术。然后，利用相似度计算对农业领域的知识图进行实体知识融合，使知识图更加规范、准确和完整。

张博凯等（2021）利用爬虫工具采集互联网平台的海量农技问答数据，经过预处理形成语料，对语料特征进行自动标注后训练 CRF 模型识别农技命名实体，并根据词频和信息熵计算命名实体的评价指数，构建"农作物-病虫害-农药"三元组知识库，将知识库导入 Neo4j 建立农技知识图谱。在 Android 端集成命名实体识别和知识图谱查询推荐算法，构建了基于知识图谱的 Android 端农技智能问答系统。

吴赛赛（2021）融合自然语言处理、深度学习等技术，设计并实现基于知识图谱的作物病虫害智能问答系统。在构建作物病虫害知识图谱基础上，利用 Han LP 自然语言处理工具中的中文分词+自定义词典+词性标注功能实现问句的实体识别；通过构建属性标注库，利用 ERNIE 预训练语言模型完成对问答过程的问句属性链接，通过基于 TF-IDF 算法的文本相似性计算，展示与用户输入问句相似的相关问句；结合 Fast API、Vue.js 等框架实现问答原型系统的前端和后端开发与交互，设计并实现了基于知识图谱的作物病虫害智能问答原型系统。

吴茜（2019）使用 Scrapy 和 Protege 工具，从互联网中收集农业数据，构建了涵盖农作物品种、农作物病虫害和农药肥料数据的农业领域知识图谱；通过多特征的 CRF 农业领域命名实体识别算法用以获取问句实体，利用双向 LSTM 模型实现属性链接，设计并实现了基于知识图谱的问答算法，开发了交互式农业知识问答系统，能够实现农作物基本信息查询，并对用户提出的农业领域问题给出精准答案。

国内专利文献中，任妮等（2021）公开了一种引入农业领域知识的抽取式智能问答方法及系统，通过技术文章构建文档资源库，在文档资源库中检索与问题相关的关联文档，构建问题文章组合对数据，根据问题文章对进行问句与文章预训练语言模型 Bert 编码，将知识图谱数据嵌入 Bert 模型；将问句与文章编码向量进行自注意力交互层运算，并将问句与文章编码向量与自注意力交互向量进行拼接，得到拼接后的关系向量；将拼接后的关系向量作为答案预测层的输入向量，进行答案预测，并输出给用户。

李想等（2019）提供一种农业知识智能问答方法、系统以及电子设备，通过对海量问答数据的深度学习和分析建立农技知识图谱，并基于该图谱建立农技知识图谱模型，对用户输入的问题描述进行关键字提取，实现智能识别问题并生成解决方案。

（五）智能推荐算法

Hou 等（2021）开发了一种基于知识图谱卷积网络协同过滤的模型混合推荐方法（KGCN-CF）。该方法在 KGCN 的基础上增加了基于用户的协同过滤，以捕提用户之间的相关性，从而抵消了 KGCN 的缺陷，同时在一定程度上解决了协同过滤的稀疏性和冷启动复杂性。于合龙等（2021）提出基于知识图谱的农业在线海量信息资源推荐算法。通过分析知识图谱中的节点分配不同比例权重，了解用户对不同农业知识的兴趣差异，构建用户兴趣迁移模型；在知识图谱基础上，引入矩阵分解方法，获取目标向量表达，与知识图谱做相关匹配得到推荐预测评分，构建反馈模型并扩展，衡量推荐内容的动态变换，考虑用户的长、短期偏好，实现推荐的个性化。

国帅（2021）通过构建用户诉求模型，使用机器学习技术，对用户关注的相关问题制定诉求标签口径，提出基于词加权表征的TextCNN算法进行用户画像；根据农业政策信息和农业相关数据信息，爬取农业百科数据，使用BERT+BiLSTM+CRF实现实体的识别，通过识别的实体结合原始文本内容，构建基于本体的农业信息知识图谱；提出基于图谱的个性化推荐算法，通过"用户+信息"的形式推送给用户，使系统推送的均是用户关注及潜在感兴趣的信息，以增加用户黏性和提升服务。

孙琳（2021）在构建农业知识图谱的基础上，提出一种基于用户偏好的矩阵分解算法，通过提取用户对知识图谱中实体信息的偏好程度进而控制实体的传播强度，使传播实体始终处于用户偏好的范围内，设计并实现了基于知识图谱的农业在线信息资源推荐系统，能够支持农作物种植和销售信息查询，为农户精准推荐农业领域答案信息，推荐准确率可以达到96%。

二、农民远程教育知识图谱研发构建

（一）构建智能耦合的互动课程资源库

集成应用知识抽取、深度学习、语义分析等技术，对资源进行分类标识，分步构建农业领域知识图谱，包含七大类38小类5 803项智能互动课程资源，实现数字资源耦合创新和精准推送（图3-1）。

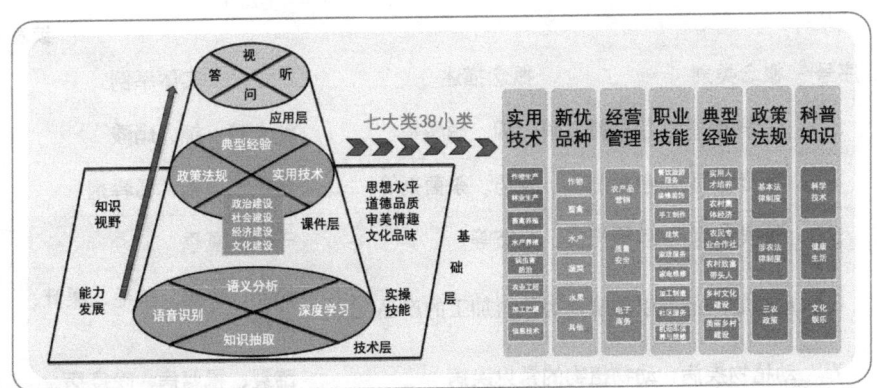

图 3-1　农业知识图谱智能资源建设

通过调研农民远程教育智能化领域重点网站、App 等平台，阅读农民远程教育智能化领域重点书目，总结形成农民远程教育智能化领域知识框架。随着调研的深入开展以及知识实体的梳理，邀请农民远程教育智能化领域专家进行多轮研讨与修改，多次迭代更新农民远程教育智能化领域知识框架。目前，农民远程教育智能化领域知识框架，包括农业领域知识概念 11 类，通用知识概念 5 类，关系类型 26 类（表 3-1 至表 3-3）。梳理农业领域核心概念，重点关注果蔬栽培、病虫害防治、果品深加工、农村党建等领域。基于已有的数据资源，采用实体自动提取技术，提取高频关键词，并结合人工完成确认，共梳理领域知识概念 16 类，知识图谱库实体数 46 302 个，实体关系类型 26 类。通过语音识别技术将语料内容进行实体和关系抽取，完成学习课件文本化，为农业领域智能化应用提供数据支撑。

表 3-1　主要概念类型

序号	概念类别	概念描述	实体举例
1	动物名词	包括畜牧类、爬行类、鸟类、鱼类等	绵羊、淡水鱼、蝗虫
2	植物名词	包括水果、蔬菜、谷物、草药、菌类、植物器官等	苹果、小麦、生菜

续表

序号	概念类别	概念描述	实体举例
3	化学名词	包括氮、磷、钾、硝酸等	氮、磷、钾、硝酸
4	农资名词	包括肥料、农药、杀菌剂等	氮肥、尿素、稀释剂
5	气候名词	包括气候、季节等	干旱、夏季
6	动植物产品	以动植物为原料加工的产品	奶酪、牛奶、羊毛、果汁、面粉
7	动植物疾病	动物植物的常见疾病	蹄裂、褐腐病、晚疫病
8	农业技术	种养殖过程中用到的农业技术	延后栽培、卫生防疫、扦插
9	营养元素	包括脂肪、蛋白质、矿物质、维生素等	维生素A、钙
10	生物学名词	包括基因相关、人体部位、组织器官、细胞、细菌等	染色体、细菌
11	农机具	一般的机械物理设施	收割机、喷药机、水洗机

表 3-2 通用概念类型

序号	概念类别	概念描述	实体举例
1	人物	农业涉及的人物	袁隆平
2	地点	通用的地理区域	福建省、大寨村
3	机构	农业相关管理部门机构组织	农业农村局、农业协会、农业大学
4	政治经济名词	政治经济通用名词	惠农补贴、基本建设投资
5	自然灾害	不可抗拒的非人为因素的自然灾害现象	洪水、泥石流

表 3-3　主要关系类型

序号	头概念	概念关系	尾概念	序号	头概念	概念关系	尾概念
1	动物名词	养殖技术	农业技术	14	动物名词	病虫害	动植物疾病
2	植物名词	种植技术	农业技术	15	植物名词	病虫害	动植物疾病
3	动物名词	加工产品	动植物产品	16	动物名词	分布于	地点
4	植物名词	加工产品	动植物产品	17	植物名词	分布于	地点
5	动植物疾病	防治药品	化学名词	18	政治经济学名称	发布机构	机构
6	农业技术	发明人	人物	19	政治经济学名称	提出人	人物
7	动物名词	生长环境	气候名词	20	动物名词	预防措施	自然灾害
8	植物名词	生长环境	气候名词	21	植物名词	预防措施	自然灾害
9	动植物产品	营养成分	营养元素	22	动物名词	为害作物	植物名词
10	农资名词	化学成分	化学名词	23	动植物疾病	为害动物	动物名词
11	动物名词	养殖工具	农机具	24	动物名词	子类	动物名词
12	植物名词	种植工具	农机具	25	植物名词	子类	植物名词
13	动植物疾病	发病部位	生物学名词	26	动植物产品	加工方法	农业技术

利用数据可视化技术，将知识图谱库中的实体概念、实体名称、实体属性、实体关系等数据进行可视化展示。实现知识结构可视化，为学习者展现学习领域知识的内在关联；实现知识内容可视化，为系统提供可视化三维资源以增加学习者的交互体验（图 3-2）。

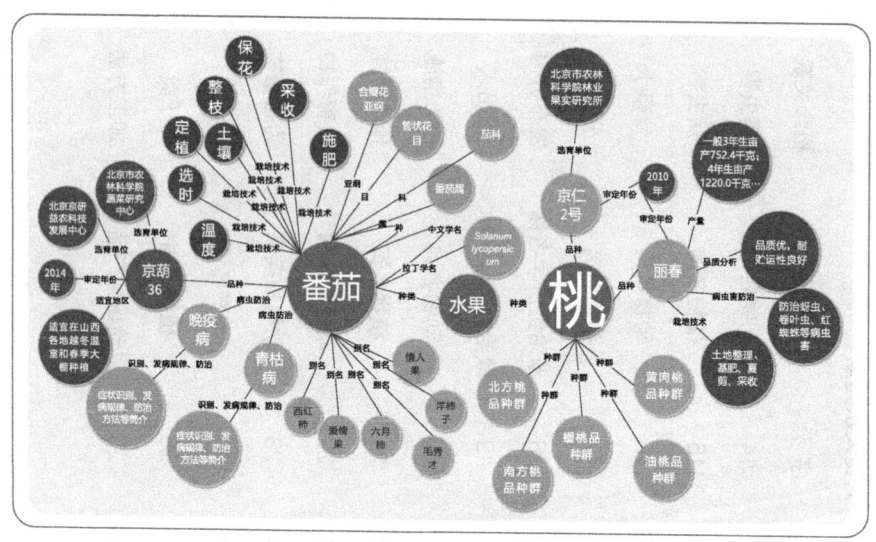

图 3-2　知识图谱实体可视化展示

（二）研发多维融合的知识图谱智能化平台

以技术迭代、数据驱动、协同融合为特征，对海量多源异构数据进行融合，将庞大复杂的数据通过图谱的方式进行可视化展现，高效实现知识推理与应用。采用自顶向下和自底向上相集合的思路，以平台图文、音频、视频等数据资源为基础，进行知识提取、融合、加工，构建农业领域知识图谱，实现知识图谱在"三农"领域的应用（图 3-3）。

定制互动课程，通过匹配知识点题目，将课件知识点和测试题整合输出为互动课程，支持设置知识点的数量、难度，题型、类型等。研发互动答题竞赛模块，实现答题竞赛、随机 PK 答题、邀请好友 PK 答题、答题排行榜等功能。题库管理系统支持单选、多选、判断等类型，并能自动提取试题组成试卷。

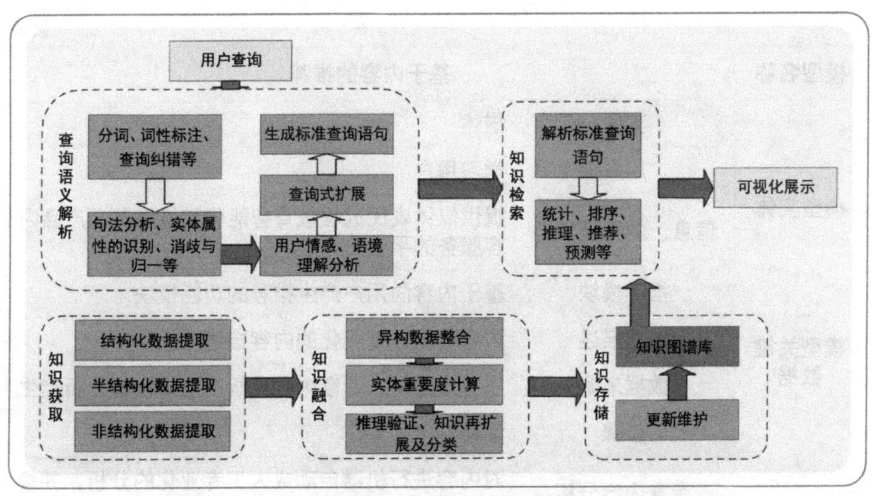

图 3-3　农民远程教育知识图谱智能化平台实现流程

（三）创建交互可视的农业培训智能化服务系统

针对数据多、汇总难的问题，实现互联网站、移动微网站、智能 TV 系统和移动 App 等多终端数据汇总分析，提升数据统计准确性；针对数据分析不够专业的问题，分课程类型、竞赛活动、学习时长、用户类型、单位属性等维度，实现自动实时查询，提高多场景数据统计工作效率；针对数据分析结果呈现呆板的问题，分地图热力图、学习热词词云图、动态变化趋势图、传播指数趋势图、动态轮播图等形式，实现可视化交互展示，提升数据易用性。同时，实现图谱实体的可视化展示与查询管理，为农户、种养殖大户、合作社、农技人员、科研人员等各类用户实现跨维度推荐（图 3-3）。

表 3-4、表 3-5、表 3-6 提供了基于内容的推荐模型、基于主题的推荐需求与基于问答的推荐模型。

表 3-4　基于内容的推荐模型

模型名称	基于内容的推荐
功能性需求	分析媒体内容的属性特征，匹配用户兴趣，实现基于内容的个性化推荐

续表

模型名称		基于内容的推荐	
模型实体	实体	描述	
	用户	学习用户	
	信息、内容提供方	提供媒体农民远程教育智能化智能服务、产品内容服务的平台方	
	推荐模块	基于内容向用户产生推荐的功能模块	
模型关键数据	数据描述	内容数据;专业化的内容描述数据	
	数据来源	服务方提供;专家内容分析产生或模型分析产生	
关键动作	步骤	活动	
	专家内容分析	对内容进行机器自动或人工专业化的分析,并输出内容的属性描述信息	
	基于内容构建模型	构建基于内容的推荐模型	
	模型计算产生推荐	推荐服务平台获取数据进行在线或离线计算,给出匹配用户内容兴趣度的推荐项	
前置条件	内容的获取与分析		
后置条件	推荐平台的学习模型通过用户反馈不断提高推荐准确度		
触发条件	推荐模块自动产生推荐		

表 3-5 基于主题的推荐需求

模型名称		基于用户偏好主题的推荐
功能性需求	建模分析文档主题空间上的主题分布和用户主题空间上的兴趣分布,实现基于用户偏好主题的推荐	
模型实体	实体	描述
	用户	互联网农民远程教育智能化智能服务用户
	内容提供平台	提供媒体农民远程教育智能化智能服务的平台
	推荐模块	主题建模,产生用户偏好主题推荐的功能模块
模型关键数据	数据描述	用户主题分布兴趣数据;内容主题分布特征数据
	数据来源	对用户和文档主题建模输出产生

续表

模型名称	基于用户偏好主题的推荐	
关键动作	步骤	活动
	用户主题建模	根据用户农民远程教育智能化智能服务信息，建模分析用户主题偏好
	内容主题建模	对学习的内容进行主题建模，抽象出不同的主题，计算得出不同内容的主题分布情况
	产生推荐	推荐模块匹配用户兴趣和主题，给出用户偏好主题的推荐项
前置条件	用户历史数据的存储与主题建模	
后置条件	建模输出的主题分布保持不变	
触发条件	用户主动请求推荐；系统自动给出推荐	

表3-6　基于问答的推荐模型

模型名称	基于问答的智能推荐	
功能性需求	建立问答平台，在搜索引擎中智能化匹配用户提问，呈现问答平台中相关的回答结果	
模型实体	实体	描述
	用户	农民远程教育智能化智能服务者；搜索用户
	问答平台	基于媒体内容的问答平台
	搜索模块	呈现问答搜索的功能模块
模型关键数据	数据描述	媒体内容数据；用户互动问答数据
	数据来源	内容方提供；用户互动产生
关键动作	步骤	活动
	用户参与问答互动	媒体农民远程教育智能化智能服务用户，对农民远程教育智能化智能服务过程中的疑问线上问答，产生问答信息
	问答数据挖掘、索引	基于用户问答数据建模或语义分析，建立索引
	搜索结果呈现	对用户搜索词进行语义分析，匹配问答数据库，呈现相关联的答案
前置条件	问答平台数据收集、索引	
后置条件	对问答结果进行相关度的合理排序	
触发条件	用户执行问题搜索	

三、农民远程教育知识图谱框架构建

（一）建设目标

通过创新运用知识图谱关键技术，赋能农民教育智能应用，研发构建智能耦合的互动课程资源库、多维融合的知识图谱智能化平台和农业培训智能化服务系统，提高农民综合素质和专业技术水平，巩固拓展脱贫攻坚成果、全面推进乡村振兴。成果在京郊农村进行了大范围的应用推广，对高素质农民综合素质水平提升取得较为显著的成效，有力助推了科技成果转化落地。

（二）建设内容

集成应用知识抽取、深度学习、语义分析等技术，对资源进行分类标识，分步构建农业知识图谱，建设一大批互动课程资源，构建智能耦合的互动课程资源库，实现数字资源耦合创新和精准推送。

以平台图文、音频、视频等数据资源为基础，应用自然语言处理、关联关系分析等技术，以技术迭代、数据驱动、协同融合为特征对海量多源异构数据进行融合，构建农业知识图谱，将庞大复杂的数据通过图谱的方式进行可视化展现，实现知识推理与在"三农"领域的应用。

应用实时监测及可视化技术，升级网络学习空间，创建交互可视的农业培训智能化服务系统，把复杂的农业知识直观地展示给农民、农业技术人员和相关决策者，实现农业信息动态管理与数据挖掘，辅助农业生产决策与管理。

（三）技术方案

1. 平台总体架构

采用面向服务（Service-Oriented Architecture，SOA）的体系架构，通过良好的接口和契约将独立的应用程序及各互动服务模块联系起来。系统的整体组成包括从底层渠道数据对接层，到中层的平台能力层，再到面向用户的应用层。

在数据对接层，根据需求，目前需要对接的渠道为小程序。系统根据不同接入渠道运用不同技术手段进行适配，保证接入数据的完整性；运用统一的渠道接入模块与上层交互，保证获得业务处理能力的一致性。

在平台能力层，本课题采用国内领先的自然语言处理等人工智能前沿技术。通过传输加密手段与前端进行交互，保证了数据的保密性。

在应用层，通过中间层实现业务逻辑和技术逻辑的解耦，并对机器人管理模块功能实现统一调度管理。

平台总体架构如图 3-4 所示。

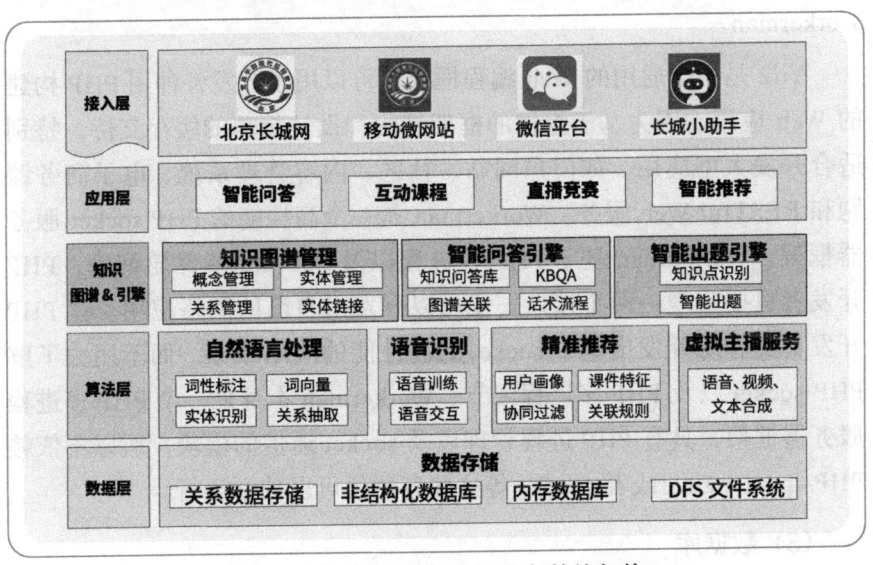

图 3-4　知识图谱智能化平台整体架构

2. 总体技术框架

(1) 前端框架

系统前端框架的计算机语言：Js、css、html，功能框架：Vue，UI 框架：element，图表：Echarts。

Vue 是一套构建用户界面的框架，关注视图层，为有配套的第三方类库。使用 Vue 可以提高开发效率，减少不必要的操作；双向数据绑定，通过框架提供的指令，前端需关注业务逻辑。Echarts 框架可以流畅地运行在 PC 和移动设备上，兼容当前绝大部分浏览器（IE8/9/10/11、Chrome、Firefox、Safari 等），底层依赖轻量级的矢量图形库 ZRender，提供直观、交互丰富、可高度个性化定制的数据可视化图表。Echarts 作为图表展示工具，可提供常规的折线图、柱状图、散点图、饼图、K 线图等，并且支持图与图之间的混搭。

(2) 后端框架

系统后端框架采用的计算机语言为 PHP 和 Yii2，即时通讯框架：Workerman。

Yii2 是一个通用的 Web 编程框架，可以用于开发各种用 PHP 构建的 Web 应用。因为基于组件的框架结构和设计精巧的缓存支持，特别适合开发大型应用，如门户网站、社区、内容管理系统、电子商务课题和 RESTful Web 服务。Workerman 是一个高性能的 PHP socket 服务器框架，Workerman 基于 PHP 多进程以及 libevent 事件轮询库，PHP 开发者只要实现一两个接口，便可以开发出自己的网络应用。让 PHP 开发者更容易开发出基于 socket 的高性能的应用服务，而不用去了解 PHP socket 以及 PHP 多进程细节。Workerman 本身是一个 PHP 多进程服务器框架，具有 PHP 进程管理以及 socket 通信的模块，所以不依赖 PHP-fpm、nginx 或者 apache 等这些容器便可以独立运行。

(3) 数据库

系统涉及的基本数据存储 MYSQL；全文搜索 elasticsearch，在图谱平台中主要是用来查询搜索；内存数据库 Redis，在图谱平台中主要是用来做数据缓存、任务队列；图数据存储 Neo4j，在图谱平台中主要是用来存储三元组关系数据。

Elasticsearch 是一个基于 Lucene 的搜索服务器。它提供给用户一个基于 RESTful web 接口的分布式全文搜索引擎。Elasticsearch 是用

Java 语言开发的,并作为 Apache 许可条款下的开放源码发布,是一种流行的企业级搜索引擎。Neo4j 是农业知识图谱涉及三元组关系需用到图数据库进行存储,Neo4j 是一个高性能的 NOSQL 图形数据库,它将结构化数据存储在网络上,该引擎具有成熟数据库的所有特性。

(4) 算法框架

系统涉及的主要计算机语言:Python3;算法框架:TensorFlow。

TensorFlow 是谷歌基于 DistBelief 进行研发的第二代人工智能学习系统,Tensor 意味着 N 维数组,Flow 意味着基于数据流图的计算,TensorFlow 为张量从流图的一端流动到另一端计算过程。TensorFlow 是将复杂的数据结构传输至人工智能神经网中进行分析和处理过程的系统。TensorFlow 可被用于语音识别或图像识别等多项机器学习和深度学习领域。

3. 业务架构设计

系统的业务架构,如图 3-5 所示。

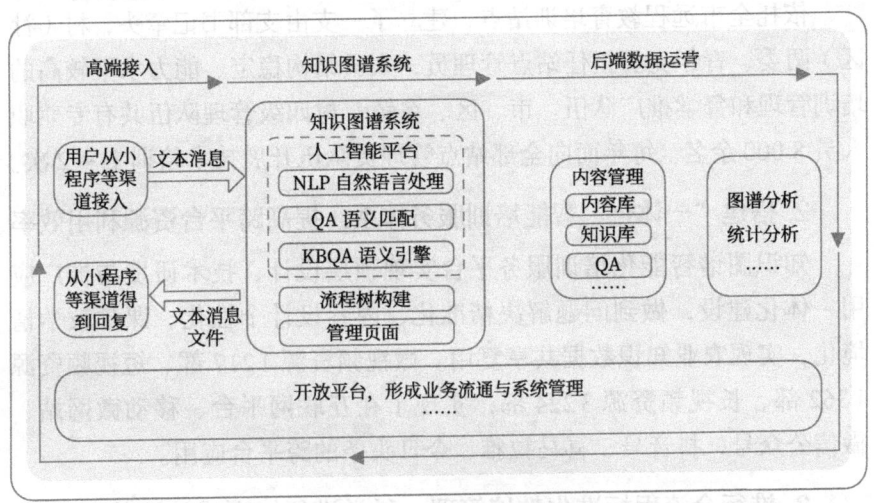

图 3-5 系统业务架构设计

业务架构是从业务逻辑的视角出发，用户通过小程序以语音或者文字的形式接入系统，NLP（Natural Language Processing）自然语言处理识别用户输入的文本意图，而机器话术流程根据语义理解体系逻辑以及知识库和内部系统信息匹配相应的答案，辅以优先级排序、变量挖掘、事件触发等对话管理内容，最终组合成应答话术返回用户，实现人机单轮或者多轮对话。系统能实现交互全过程对话内容语义挖掘，根据挖掘内容自动生成工单并流转至相应的内部系统，实现服务闭环。

四、农民远程教育知识图谱推广应用

（一）组织实施

1. 组建一支从"市"到"村"的推广工作梯队，形成长效保障机制

依托全市远程教育培训站点，建立了一支由支部书记牵头，村（社区）两委、青年党员担任站点管理员，人员结构稳定、能力水平较高的培训管理和督学推广队伍。市、区、乡镇、村四级管理队伍共有专兼职人员8 000余名。每年面向全部站点管理员队伍开展技术培训1~2次。

2. 搭建"一体化"智能培训服务体系，提高跨平台资源利用效率

知识图谱智能化培训服务平台实现顶层设计、技术研发与推广应用一体化建设，做到问题解决精准化、内容设计个性化、课堂教学情境化，实现农业知识数据共享复用。微视频资源1 217部、短视频资源1 362部、长视频资源3 224部，实现了在互联网平台、移动微网站、微信公众号、抖音号、喜马拉雅、今日头条的跨平台应用。

3. 推行全流程标准化教培管理，科学进行培训成效评估

制定智能化学习平台服务标准，严把服务质量，多维度跟踪调查摸需求，实现参训农民基本信息100%入库。系统详细记录农户的学习

过程，包括学习课程、学习时长、学习进度等信息，培育全程可监测、可追溯（图3-6）。

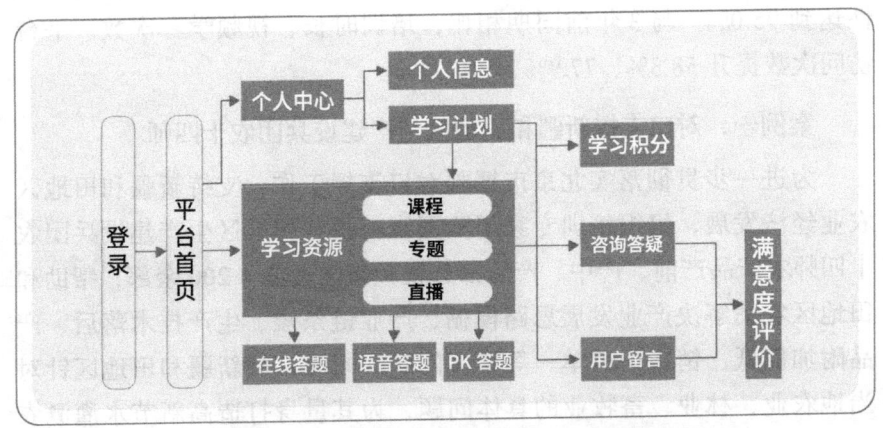

图3-6 农民在线学习全流程标准化管理流程

（二）推广应用成效

1. 成果应用覆盖北京辐射全国，为破解在线教育发展难题提供智慧化解决方案

利用全市16个区及亦庄开发区的7 464个培训站点，实现北京市农村、社区远程智能化服务"全覆盖"。建立京津冀农民科技服务联盟，与中国老区建设促进会共建中国老区农业现代远程教育。在河北、天津、西藏、新疆、内蒙古、贵州等全国22个省区市进行示范推广，低成本实现教育资源共享。

图谱可视化系统推动数据向知识的转变，使培训资源、培训服务更快速、更精准推动给农民。基于知识图谱的智能搜索，能得到比单纯关键词匹配更精准的结果。借助知识图谱理解用户的搜索语义，从更深层次理解用户搜索意图，使用户获得更精确、更智能的搜索结果，提高搜索命中率，提升用户体验。借助图谱的本体关系推理能力，能深层次发现用户兴趣；有利于增强推荐系统的可解释性，从而提高用户对推荐结果的信任度。教学资源推荐准确率由70.5%提升至

95.0%。领域知识库的语音识别平均准确率达到 96.6%，领域智能问答库的回答平均准确率达到 92.0%，精准服务系统的推荐课程平均相关性达到 95.0%。与 3 年前同期相比，培训时长、视频学习次数、平台访问次数提升 58.3%、77.9%、517.7%。

案例一：对口支援新疆和田地区生产建设兵团农十四师

为进一步贯彻落实北京市援疆对口支援工作，支持新疆和田地区农业经济发展，组织培训专家团队围绕新疆和田地区生产建设兵团农十四师农产品产前、产中、产后筛选视频教学资源 1 200 余部，帮助和田地区农民解决产业发展思路模糊、产业链条短、生产技术落后、产品附加值低、销售渠道单一等诸多问题。同时，赴新疆和田地区针对当地农业、林业、畜牧业的具体问题，为其量身打造高新节水灌溉农业技术培训课程，通过网络远程培训 2 000 余人。

案例二：建立张家口农业远程教育示范基地

积极推进农业科技推广方面的京津冀合作，在张家口市 50 个冷凉蔬菜供应基地建立北京农民远程教育培训教室，与张家口崇河农业开发有限公司建设了"京津冀农业远程教育示范基地"，为基地装配了农民远程教育智能 TV 系统和农业培训智能化服务系统，使张家口的农业生产者在田间地头得到农业专家的实时指导，通过信息技术的应用发挥出首都科技资源对张家口的辐射作用。

2. 创建高素质农民培养"4+4"模式，助力乡村人才振兴

打通互联网站、移动网站、移动 App、智能 TV 系统 4 条通道，融合图文、视频、音频、试题 4 类学习资源，创建高素质农民培养"4+4"模式。通过"课、影、题"多元素助力农民远程学习，实现多种终端对培训内容的异构融合、计算服务的同步共享以及学用数据的智能决策，使得低成本、大规模、个性化教育成为可能，为实现乡村振兴和农业农村现代化提供强有力的人才支撑。

依托知识图谱智能化平台，结合高素质农民培养"4+4"模式，通

过实名注册、互动学习、分类推荐、可视化管理,以及科学的评估指标,构建了可控可管的农民培训管理体系,实现了对农技推广人员的系统管理,以信息化推动了农村人才管理的科学化,提升了基层农技推广队伍的管理和服务水平,面向农村基层管理者和农民进行了一系列实践探索与应用。

案例一:组织全市新任村党组织书记和第一书记直播培训

2020年全市新任村党组织书记和第一书记"云课堂"远程直播培训,实现全市182个乡镇全覆盖,培训新任村党组织书记和第一书记1 500余人,培训参学率达到100%。远程直播最高同时在线站点用户4 350个,累计访问13.93万人次。远程培训组织工作有序、高效,做到零事故、零差错播出,得到基层站点广泛好评,为农村基层管理者线上培训常态化提供可借鉴经验。

案例二:助力房山区周口店镇革命老区乡村振兴示范区建设

为高质量实施乡村振兴战略、推进美丽乡村建设,农民远程教育智能化服务平台围绕房山区周口店镇建设国家乡村振兴示范片区的目标,以黄山店等西部山区8个村为重点,利用周口店镇的31个远程教育终端站点开展远程教育智能培训服务。针对村民对生态观光、精品民宿、红色文化、特色农业等文化休闲旅游产业和践行"两山"理念、由传统资源型产业向绿色生态产业发展的学习需求,推送相关视频教学资源362部,3年间累计学习1.3万人次、7 211个小时,增加了村民在休闲旅游、精品民宿、生态农业等特色产业方面的知识面和环境保护意识,培养了他们的经营理念和经营能力,逐步形成了以黄山店为龙头、辐射带动周边村庄协同发展的态势,助力全市乡村振兴示范乡镇、示范村建设。

案例三:助力平谷区国家数字乡村试点建设

针对峪口镇围绕平谷区农业中关村建设,打造承接国家农业科技在京试验与成果转化地,推动平谷大桃、畜禽、蔬菜等重点传统产业向现代化方向转型的目标，利用峪口镇 22 个远程教育终端站点，将农业知识图谱智能化平台和数字农业智能化服务系统作为培养新型农民、传播农村先进适用技术的重要载体，结合区域经济发展情况，组织开展了系列培训。如针对新型农业经营主体围绕数字农业发展、农产品质量安全追溯、病虫害防治等内容，组织了 8 期线上线下"短视频 + 直播"培训，为数字产业发展和乡村建设高素质人才培养提供支持。

3. 提供智能化精准帮扶服务，助力农民增收致富

在提供大规模学习资源的同时，辅以智能化的精准帮扶服务，真正实现规模化与个性化相统一。针对不同人群开展在线培训，农业技术智能问答，24 小时在线，快速解决农民生产问题。农民远程教育知识图谱为京郊农民构建了丰富的农业知识仓库，不仅使农民可以灵活安排时间，随时了解掌握最新技术知识，而且可以实现知识自动推荐和智慧学习，增加农业生产后劲，有效激发和增强了农民"学技术、奔富路"的热情和信心，使农民依靠科技致富的意识进一步增强。截至 2022 年 6 月，平台累计访问量超过 2.2 亿次，参加培训人数超过 3 500 万人次。3 年间，累计传播先进适用技术 935 项。从教育经济学投入的角度进行教育产出核算，智能化培训平台比传统培训模式累计节约培训经费 8 540 万元，转化经济效益达 1.12 亿元。

案例一：助力怀柔区喇叭沟门满族乡上台子村"脱低"

怀柔区喇叭沟门满族乡上台子村传统种植业效益较低，村内原有的肉鸡养殖产业也属于被淘汰的落后产业，增收脱困任务较重。根据上台子村产业特点和技术需求，充分利用北京市农民远程教育智能化平台课程资源优势，通过远程教育手段，开展药用植物射干、高效密植果桑、花卉育苗等种植技术的培训和指导 50 人次以上；并面向村干部、技术骨干、民俗户开展技能培训、素质培训 10 期。开设专题专栏，宣传上台子村的民俗旅游。通过系列农业技术指导、职业技能培训、媒体宣传等帮扶措施，增加就业岗位，带动低收入户增收致富，提高村集体收入水平，助力上台子村实现脱低目标。

案例二：助力平谷区山东庄镇桃棚村"消薄"

平谷区山东庄镇桃棚村围绕"红色旅游＋民宿"开展农业产业新业态在线培训，壮大集体经济，提升休闲农业和乡村旅游品质。2021年村年收入达到100万元，实现"消薄"。农民远程教育智能化平台助力村民走上富民道路，将桃棚村打造成为服务党员群众的红色教育基地，成为生态旅游富民的一面灿烂旗帜。

参考文献

曹雨晴,鲜国建,黄永文,等,2022.全景式多路径知识图谱构建研究：以水稻粒型基因领域为例[J].数字图书馆论坛(4):25-34.

陈俊伸,宫华泽,刘龙,等,2020-08-04.基于深度学习的水稻病斑检测方法及系统：CN109165623B[P].

崔炜,宁艳敏,付密,2019-09-27.基于人工智能的学习效果检测方法：CN110288270A[P].

邓登辉,周庆,成文姬,2021-01-05.一种在线教育直播课堂智能出题的系统和方法：CN112184507A[P].

段玉聪,邵礼旭,崔立真,等,2018.基于知识图谱的云端个性化测试推荐[J].小型微型计算机系统,39(12):2743-2747.

方佩,冯仁伟,全威,等,2021-12-31,一种基于农业领域文本的语义理解方法及系统：CN113869066A[P].

国帅,2021.基于本体的农业信息服务个性化推荐模型研究[D].郑州：河南农业大学.

洪传旺,2019.基于Spring Cloud的"微课堂"知识考核系统的设计与实现[D].南京：南京大学.

兰飞,覃勋辉,2022-03-01.一种知识图谱的构建方法、系统及存储介质：CN114117070A[P].

李道亮,阮怀军,吴华瑞,等,2016.农业多源信息整合与精准服务技术[Z].济南：山东省农业科学院科技信息研究所.

李菊,蔡泰锋,林乔川,等,2022-03-22.基于相似性控制的智能出题方法及系统:CN114219006A[P].

李想,张博凯,杨阳,等,2019-12-20.一种农业知识智能问答方法、系统以及电子设备:CN110597969A[P].

李悦,2021.农作物病虫害知识图谱构建研究[D].北京:中国农业科学院.

牟建明,2019.自适应学习的高中数学智能题库系统[D].成都:电子科技大学.

乔波,2019.基于农业叙词表的知识图谱构建技术研究[D].长沙:湖南农业大学.

秦曙光,陈家峰,2021-07-09.一种智慧课堂智能出题方法及系统:CN113096472A[P].

任妮,沈耕宇,郭婷,等,2021-03-19.引入农业领域知识的抽取式智能问答方法及系统:CN112527999A[P].

申仲峰,2019.基于PyTorch框架下北方田地常见杂草的识别[D].晋中:山西农业大学.

孙琳,2021.基于知识图谱的农业在线信息资源推荐系统研究[D].长春:吉林农业大学.

孙显,张文凯,付琨,等,2021-03-26.基于深度学习的样本数据集智能出题方法、装置及设备:CN112559820A[P].

王丹丹,2020.宁夏水稻知识图谱构建方法研究与应用[D].银川:北方民族大学.

王海荣,王丹丹,2020-08-14.一种宁夏水稻知识图谱构建方法:CN111538847A[P].

王子彤,姜凯,孙善宝,等.一种基于人工神经网络的智能出题方法及系统[P].CN110175332A.2019-08-27.

温皓杰,周婧,傅泽田,等,2016.面向语义挖掘的蔬菜病害知识视频场景检测[J].农业机械学报,47(S1):386-391.

吴良顺,2019-09-06.农业知识图谱构建装置、方法及计算机可读存储介质:CN110209839A[P].

吴茜,2019.基于知识图谱的农业智能问答系统设计与实现[D].厦门:厦门大学.

吴赛赛,2021.基于知识图谱的作物病虫害智能问答系统设计与实现[D].北京:中国农业科学院.

吴赛赛,周爱莲,谢能付,等,2020.基于深度学习的作物病虫害可视化知识图谱构建[J].农业工程学报,36(24): 177-185.

许鑫,岳金钊,赵锦鹏,等,2021.小麦品种知识图谱构建与可视化研究[J].计算机系统应用,30(6): 286-292.

于合龙,孙琳,2021.基于知识图谱的AMI资源精准推荐算法[J].计算机仿真,38(12): 485-489.

于婷婷,2020.农作物知识图谱构建技术研究与应用[D].长沙:湖南农业大学.

张博凯,李想,2021.基于知识图谱的Android端农技智能问答系统研究[J].农业机械学报,52(S1): 164-171.

张宇,郭文忠,林森,等,2022.基于Neo4j的草莓种植管理知识图谱构建及验证[J].现代农业科技(1): 223-230,234.

张正超,方文博,郭永刚,2022.基于Resnet50的西藏高原地区玉米病害识别系统[J].高原农业,6(2): 164-172,212.

周彬,2019-08-30.一种基于深度学习的文本意图识别方法、装置及设备:CN110188195A[P].

CHEN Y Z, KUANG J, CHENG D W, et al., 2019 AgriKG: An Agricultural Knowledge Graph and Its Applications. Lecture Notes in Computer Science (including subseries Lecture Notes in Artificial Intelligence and Lecture Notes in Bioinformatics), v 11448 LNCS: 533-537.

DAI K Y, QIU Y Y, ZHANG R, 2021. The Construction of Learning Diagnosis and Resources Recommendation System Based on Knowledge Graph. Proceedings of the 2021 IEEE International Conference on Progress in Informatics and Computing, PIC 2021: 253-259.

FU Y H, CHENG L Y, LV S B, et al, 2021. AISHELL-4: An open source dataset for speech enhancement, separation, recognition and speaker diarization in conference scenario. Proceedings of the Annual Conference of the International Speech Communication Association, INTERSPEECH, 6: p 4406-4410.

HOU Z, LI T, FU H L, et al., 2021. A Model Hybrid Recommendation Approach Based on Knowledge Graph Convolution Networks. 2021 4th International Conference on Artificial Intelligence and Big Data, ICAIBD 2021, p 283-288. DOI: 10.1109/ICAIBD51990.2021.9459108.

LV P, WANG X X, XU J, er al., 2021. Intelligent personalised exercise recommendation: A weighted knowledge graph-based approach. Computer Applications In Engineering Education, 29(5): 1403-1419.

LIANG S D, YAN W Q, 2022. A hybrid CTC+Attention model based on end-to-end framework for multilingual speech recognition. Multimedia Tools and Applications; ISSN: 13807501, E-ISSN: 15737721; DOI: 10.1007/s11042-022-12136-3.

QIAO B, ZOU Z Y, HUANG Y, et al., 2002. A joint model for entity and relation extraction based on BERT. NEURAL COMPUTING & APPLICATIONS, 34(5): 3471-3481.

QIAO B, FANG K, CHEN Y M, et al., 2017. Building thesaurus-based knowledge graph based on schema layer. Cluster Computing-The Journal of Networks Software Tools And Applications, 20(1): 81-91.

QIN H C, YAO Y H, 2021. Agriculture Knowledge Graph Construction and Application. Journal of Physics. Conference Series, v 1756, n 1, DOI: 10.1088/1742-6596/1756/1/012010.

TANG R, LIN J, 2017. Honk: A PyTorch reimplementation of convolutional neural networks for keyword spotting. arXiv, October 17; E-ISSN: 23318422.

第四章
农民远程教育学习成效

北京农民远程教育学用分析报告（2019）

2019年，北京农民远程教育在"互联网网站、智能TV、手机微网站"等多个学习终端，以及"微信公众号、今日头条、喜马拉雅"等多个跨平台学习渠道基础上，新开通了"抖音号"，不断提升平台承载能力，在聚焦中心工作、服务基层组织建设、服务党员干部教育方面继续发挥着积极作用。截至2019年10月底，市级教学平台微信公众号关注用户数45.01万个；平台访问量累计14 878.49万次，微信公众号阅读量累计1 150.79万次。现将2019年年度站点学用情况汇报如下。

一、站点用户参学情况

（一）站点用户学习时长

截至2019年10月底，全市站点7 469个，其中社区站点2 769个，农村站点3 693个。全市站点有效学习时长累计达317.42万小时。

2019年，全市站点用户有效学习时长64.91万小时，比去年同期（88.87万小时）减少23.96万小时。全市各站点月平均有效学习时长86.90小时，比去年同期（119.37小时）减少32.47小时。农村站点有效学习时长为34.43万小时，比去年同期（44.25万小时）减少9.82万小时；社区站点有效学习时长25.30万小时，比去年同期（39.86万小时）减少14.56万小时（图4-1）。

通过数据分析可知：2019年全市站点用户有效学习时长、全市站点月平均有效学习时长、农村站点有效学习时长与去年同期相比降幅超过 20%，社区站点有效学习时长降幅超过 30%。

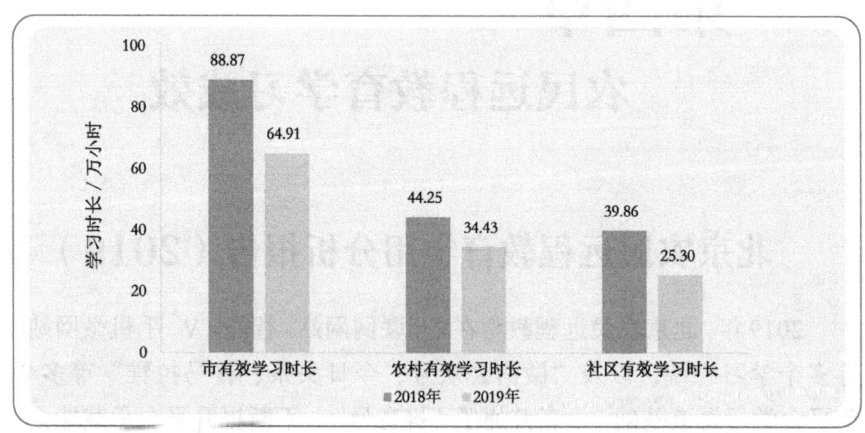

图 4-1　2018 年和 2019 年站点学习时长对比

注：1. 互联网网站和智能 TV 系统有效学习时长统计规则为：单次点播学习时长超过视频总时长的 20% 计入有效学习时长。单次直播时长低于 4 小时，按实际时长计入，超过 4 小时按 4 小时计入。手机微网站有效学习时长统计规则为：单次学习时长超过 30 秒计入有效学习时长。

2. 平均学习时长 = 有效学习时长 / 应学站点数

3. 应学站点是指有培训场所并且电脑、投影仪等设备完好无损，可正常开展培训学习的农村和社区站点。

（二）站点用户参学率

从站点参学情况看，2019 年全市站点月平均参学率为 38.79%，比去年同期（41.31%）减少 2.52%；农村站点月平均参学率为 46.57%，比去年同期（48.52%）减少 1.95%；社区站点月平均参学率为 35.97%，比去年同期（39.53%）减少 3.56%。2019 年全市站点累计参学率为 56.75%，比去年同期（69.10%）减少 12.35%；农村站点年度累计参学率为 53.63%，比去年同期（64.45）减少 10.82%；社区站点年度累计参学率为 54.97%，比去年同期（77.64%）减少 22.67%（图 4-2）。

通过数据分析可知：2019 年全市站点月平均参学率、农村站点月平均参学率与去年同期相比降幅在 5% 左右，社区站点月平均参学率降幅约 10%。全市站点累计参学率、农村站点年度累计参学率与去年同期相比降幅在 20% 以内，社区站点年度累计参学率降幅约 30%。农村站点月平均参学率比社区站点月平均参学率高约 10%，社区站点年度累计参学率比农村高 1%。此外，全市站点月平均参学率、农村和社区站点月平均参学率都呈现逐月下降趋势，且社区降幅更加明显（图 4-3、图 4-4）。

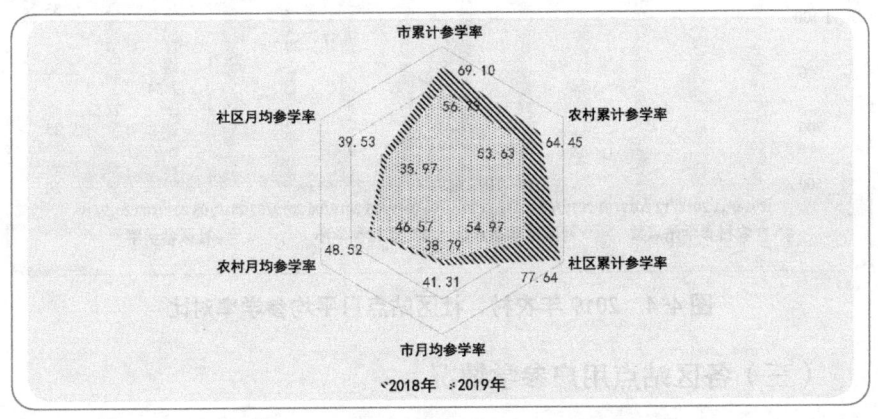

图 4-2　2018 年和 2019 年站点参学率对比

1. 月平均参学率：按照每月的参学率算平均
2. 累计平均参学率：按照每年的参学率算平均

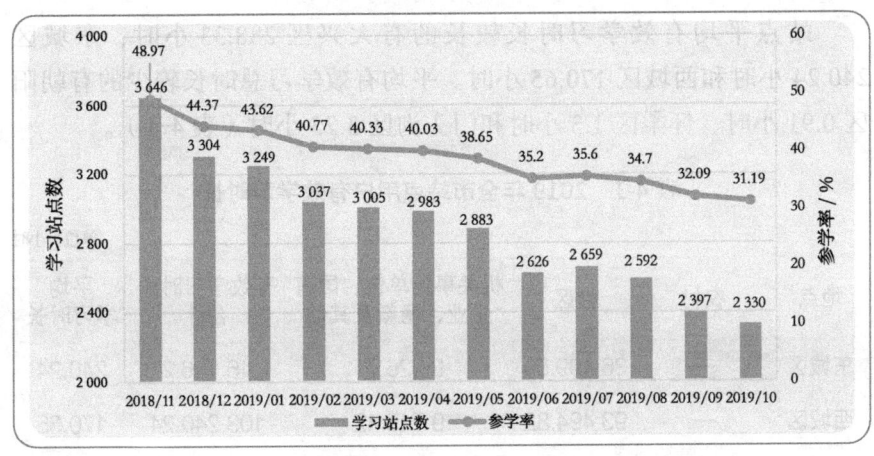

图 4-3　2019 年全市站点月平均参学率变化趋势

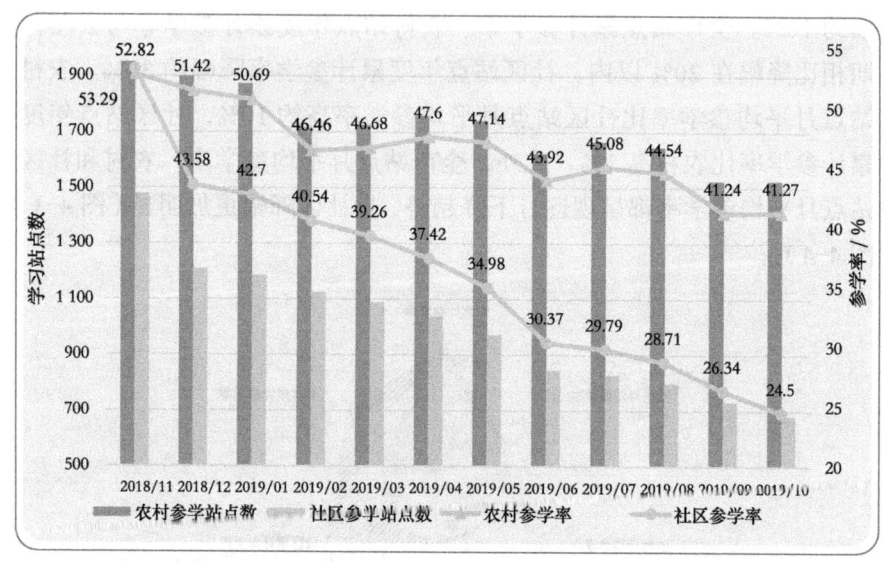

图 4-4 2019 年农村、社区站点月平均参学率对比

(三) 各区站点用户参学情况

2019 年，站点有效学习总时长较长的有大兴区 18.25 万小时、西城区 10.32 万小时和顺义区 8.49 万小时。有效学习总时长较少的有朝阳区 496.45 小时、怀柔区 531.46 小时和门头沟区 1 090.60 小时（表 4-1）。

站点平均有效学习时长较长的有大兴区 288.33 小时、东城区 240.24 小时和西城区 170.65 小时。平均有效学习总时长较少的有朝阳区 0.91 小时、怀柔区 1.3 小时和门头沟区 3.25 小时（表 4-1）。

表 4-1 2019 年全市站点用户有效学习时长

单位：小时

地点	农村	社区	机关事业单位、国有企业、两新及其他	有效学习时长合计	平均学习时长
东城区	—	36 199.50	9 926.77	46 126.27	240.24
西城区	—	93 494.82	9 745.42	103 240.24	170.65

续表

地点	农村	社区	机关事业单位、国有企业、两新及其他	有效学习时长合计	平均学习时长
朝阳区	96.63	397.25	2.57	496.45	0.91
海淀区	577.72	7 107.03	61.38	7 746.13	11.94
丰台区	616.81	4 621.77	5.87	5 244.45	13.08
石景山区	—	7 487.33	251.14	7 738.47	46.90
门头沟区	387.64	225.67	477.29	1 090.60	3.25
房山区	35 085.03	23 507.70	23 480.59	82 073.32	114.47
通州区	9 392.68	1 240.74	0	10 633.42	21.35
顺义区	52 290.15	29 545.52	3 087.44	84 923.11	146.93
昌平区	894.41	2 484.61	2.34	3 381.36	6.13
大兴区	149 519.08	30 931.83	2 060.53	182 511.44	288.33
平谷区	41 247.53	3 794.31	909.03	45 950.87	140.95
怀柔区	411.47	22.45	97.54	531.46	1.30
密云区	51 378.72	11 073.74	1 393.67	63 846.13	161.64
延庆区	2 420.90	820.64	15.32	3 256.86	7.35
其他	—	—	289.98	289.98	13.81
合计	344 318.77	252 954.91	51 806.88	649 080.56	86.90

注：1. "—"代表缺省值，下表同。其他为非区属分配站点。

2. 互联网网站和智能 TV 系统有效学习时长统计规则为：单次点播学习时长超过视频总时长的 20% 计入有效学习时长。单次直播时长低于 4 小时，按实际时长计入，超过 4 小时按 4 小时计入。手机微网站有效学习时长统计规则为：单次学习时长超过 30 秒记入有效学习时长。

3. 平均学习时长＝有效学习时长/应学站点数。

在农村站点中，2019 年月均参学率最高的是密云区 97.60%，其次是顺义区 81.84% 和大兴区 75.52%；月均参学率最低的 3 个区分别是朝阳区 3.20%、丰台区 4.42% 和昌平区 6.07%。累计参学率最高的是密云区达到 100%，其次是顺义区 96.48% 和房山区 96.05%；累计参学率最低的 3 个区分别是朝阳区 13.46%、丰台区 14.06% 和昌平区 19.79%（表 4-2）。

在社区站点中，2019 年月均参学率最高的是密云区 99.82%，其次是顺义区 90.21% 和东城区 75.52%；月均参学率最低的 3 个区分别是朝阳区 2.36%、怀柔区 6.43% 和门头沟区 12.22%。累计参学率最高的是密云区达到 100%，其次是东城区 98.84% 和平谷区 97.05%；累计参学率最低的 3 个区分别是朝阳区 12.24%、怀柔区 28.57% 和门头沟区 28.57%（表 4-2）。

表 4-2 2019 年各区农村和社区站点参学率情况对比

单位：%

地点	农村月平均参学率	社区月平均参学率	农村累计参学率	社区累计参学率
东城区	—	75.52	—	98.84
西城区	—	69.31	—	96.12
朝阳区	3.20	2.36	13.46	12.24
海淀区	19.04	16.72	58.33	47.33
丰台区	4.42	15.32	14.06	43.53
石景山区	—	47.20	—	92.00
门头沟区	9.25	12.22	30.66	28.57
房山区	51.45	67.76	96.05	94.92
通州区	42.26	42.40	71.68	73.33
顺义区	81.84	90.21	96.48	96.72
昌平区	6.07	17.91	19.79	42.98
大兴区	75.52	62.45	94.48	95.78

续表

地点	农村月平均参学率	社区月平均参学率	农村累计参学率	社区累计参学率
平谷区	66.15	63.23	91.24	97.05
怀柔区	8.88	6.43	31.54	28.57
密云区	97.60	99.82	100.00	100.00
延庆区	13.51	23.20	33.06	51.35

注:"—"代表缺省值。

通过数据分析可知:2019年各区站点学习时长和参学率差异明显,存在严重不平衡现象。大兴区、密云区、东城区、西城区、顺义区和房山区等区学习情况较好,朝阳区、怀柔区、门头沟区、丰台区和昌平区等区学习情况较差。

(四)站点用户视频资源学习情况

根据视频播完率统计得出,2019年全市站点用户播完率为83.25%,比去年同期(71.21%)提升12.04%;农村站点用户播完率达86.97%,比去年同期(77.59%)提升9.38%;社区站点播完率达85.15%,比去年同期(75.81%)提升9.34%。

根据课程点播有效学习次数统计得出,2019年全市站点用户点击最多的视频是"党章公开课"系列课程,以及习近平系列重要讲话、"农村大讲堂"和"社区大讲堂"(表4-3)。

表4-3 2019年视频课程点击次数排行

排行	视频课程	节目制作单位	点击次数/次	播完率/%
1	"党章公开课"第十五讲: 坚持党要管党、全面从严治党	中纪委监察部	174 380	67.61
2	习近平同志在庆祝改革开放40周年大会上的重要讲话	中央电视台	143 089	47.1

续表

排行	视频课程	节目制作单位	点击次数/次	播完率/%
3	"党章公开课"第十九讲：党的纪律建设	中纪委监察部	134 840	76.42
4	"党章公开课"第七讲：我国社会主要矛盾的转化	中纪委监察部	131 040	73.16
5	"农村大讲堂"2018年第九期	市农林科学院	109 594	53.75
6	"党章公开课"第十一讲：坚持新发展理念	中纪委监察部	108 334	79.67
7	习近平在京津冀三省市考察并主持召开京津冀协同发展座谈会	共产党员网	104 394	66.54
8	"社区大讲堂"2018年第八期	市委组织部	99 735	60.13
9	《求是》杂志发表习近平总书记重要文章《加强党对全面依法治国的领导》	央视网	99 630	81.61
10	关于坚持全面依法治国听听习近平怎么说	北京宣传教育服务中心	90 280	83.64

农村站点用户点击最多的视频为学习习近平新时代中国特色社会主义思想、十九大报告和红色经典影视。社区站点用户点击最多的视频为学习习近平新时代中国特色社会主义思想、改革开放40周年讲话和红色经典影视（表4-4）。

表4-4 2019年农村、社区站点用户视频课程点击次数排行

农村用户			社区用户		
视频课程	点击次数/次	播完率/%	视频课程	点击次数/次	播完率/%
深入学习领会《习近平新时代中国特色社会主义思想三十讲》	15 024	73.47	深入学习领会《习近平新时代中国特色社会主义思想三十讲》	17 256	76.90

续表

农村用户			社区用户		
视频课程	点击次数/次	播完率/%	视频课程	点击次数/次	播完率/%
中国共产党第十九次全国代表大会报告	13 897	67.29	习近平同志在庆祝改革开放40周年大会上的重要讲话	6 322	72.17
上甘岭	8 567	74.47	上甘岭	4 648	80.44
习近平同志在庆祝改革开放40周年大会上的重要讲话	7 124	68.12	榜样3	4 366	68.52
井冈山	5 913	75.86	全面从严治党是完成新时代历史使命的根本保证——学习领会党的十九大精神	3 926	77.84
习近平新时代中国特色社会主义思想是党和国家必须长期坚持的指导思想	5 666	62.76	新时代中国共产党的历史使命	3 831	73.37
红色经典影视展播：脊梁	5 428	77.98	中国共产党第十九次全国代表大会报告	3 723	65.61
烽火列车	5 038	77.01	"党章公开课"第十五讲：坚持党要管党、全面从严治党	3 490	74.92
"农村大讲堂"2019年第三期	4 893	77.66	新时代中国共产党的历史使命及其实现路径	3 472	75.97
全面从严治党是完成新时代历史使命的根本保证——学习领会党的十九大精神	4 861	75.95	"党章公开课"第六讲：新时代中国共产党的历史使命	3 449	72.07

通过数据分析可知：2019年全市站点用户播完率与去年同期相比增幅超过15%，农村和社区站点用户播完率与去年同期相比增幅超过10%，一定程度上说明平台课程资源质量和用户欢迎度有所增加。另外，农村与社区站点用户在视频资源内容选择方面略有差异，农村站点用户更喜欢观看红色经典。

（五）站点用户专题专栏学习情况

根据专题视频播完率统计得出，2019年全市站点用户专题视频播完率为85.69%，比去年同期（70.06%）提升15.63%；农村站点用户专题视频播完率达87.79%，比去年同期（80.18%）提升7.61%；社区站点播完率达86.40%，比去年同期（79.17%）提升7.23%（图4-5）。

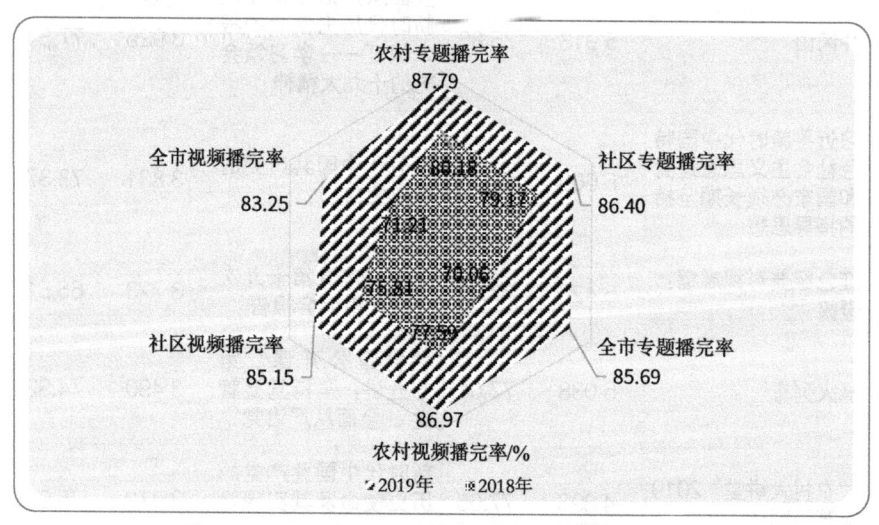

图4-5 2018年农村、社区站点视频播完率对比

2019年，"党支部月度学习专栏"新发布12期。2019年，全市站点用户本专栏播完率为91.69%，农村站点用户本专栏播完率达91.07%，社区站点用户本专栏播完率达92.14%。

2019年，共建设"不忘初心　牢记使命"系列专题4个，分别是"不

忘初心　牢记使命"主题教育、不忘初心　永葆本色——老党员见证、初心·使命和"不忘初心、牢记使命"主题微视频获奖作品展播。2019年，全市站点用户本专题播完率为94.02%，农村站点用户本专题播完率达96.07%，社区站点用户本专题播完率达94.96%。

通过数据分析可知：2019年全市站点用户专题视频播完率与去年同期相比增幅超过20%，农村和站点用户专题视频播完率与去年同期相比增幅约10%。农村站点专题视频播完率比社区高。

二、站点用户学习问题

（一）基层组织重视程度参差不齐

在远程教育学用管理工作方面，区、村（社区）级领导重视程度对远程教育学用具有重要影响。根据调研数据分析，仅有52.11%的被调研对象认为基层站点领导非常重视远程教育学习工作。考核与监督并举有助于促进站点学习提升。根据日常站点用户咨询情况和区委组织部信息反馈得知，站点学习情况较好的，如密云、东城、西城、房山等区每月都会向基层站点通报月度学习情况，督促用户开展学习。反之，站点学习情况不理想的区，往往重视程度和监督管理程度不够。

（二）站点用户存在多重学习障碍

问卷调研显示，站点用户参加远程教育培训受诸多因素的影响，"没有时间参加"是影响参加远程教育培训的主要因素。"不了解网站课程资源情况""本地网络条件不好""互联网平台设备落后影响收看效果"是影响参加远程教育培训的重要因素。另外，在对参学率较低的区进行调研后了解到，互联网设备落后、未能及时维护、网络不畅等因素严重影响了站点参学，部分区（如怀柔区和昌平区）自2008年配备电脑设备后一直未更换和维护。

（三）视频课程吸引力不强

对于基层，特别是农村地区和农村党员更加关注为自己带来实质性效益的学习内容。部分基层用户认为，资源内容需接地气，如与民生问题挂钩更能调动学习积极性。同时，外部学习资源可选性多，外部信息获取更加便捷一定程度上也影响了远程参学积极性。

（四）基层管理员队伍建设相对薄弱

目前全市专职站点管理员普遍缺乏，大部分站点都是身兼数职。基层管理员队伍水平也有待提高，基本的设备操作和维护不够熟练，未能在远教设备维护、教学资源选择、问题收集反馈中发挥应有作用。

（五）移动学习时代站点优势弱化

站点学习属于集体学习，更适合通过电脑和智能 TV 端开展。随着移动端应用的快速发展，电脑和智能 TV 端的吸引力大打折扣，特别是年轻党员、在职党员更倾向于利用手机端随时随地开展学习。站点集体学习难组织、难开展、参学率低等情况频频出现。

三、对策建议

（一）完善现有监督反馈机制，提升基层重视程度

针对目前各区参学不平衡情况，建议在全市范围内建立统一的考核监督体系，定期通报各区各领域用户注册情况和学习数据，构建常态化的通报反馈工作机制。同时，分层次有针对性地开展督学促学，提升基层站点的重视程度。对参学情况较好的区，以平台新功能、新应用为督学重点；对参学情况有待提升的区，以基础操作和亮点资源为督学重点。

（二）针对性解决参学障碍，营造良好学习环境

针对站点用户存在的时间管理障碍，充分体现站点"一站多用，

一站多能"的功能,因地制宜组织学习,实现时间效益最大化。针对教学资源选择障碍,应选配政治素质高、业务素质强的站点管理员来主动熟悉平台资源。针对计算机和网络硬件保障问题,区委组织部在终端站点硬件设施建设上要高标准、严要求,加大投入力度,保障硬件设备能用、好用。

(三)挖掘资源突破点,创作优质教学资源

加大教学资源开发统筹协调力度,根据基层兴趣点进行创作,实现优质内容优质策划。结合新媒体发展特点,运用虚拟现实、3D等技术,丰富课件表现形式,增强信息呈现的质量和冲击力。根据碎片化阅读特点,提炼信息关键要素进行精简呈现。对碎片化素材进行有选择的组合排列,形成相对完整具有深度内涵的系列课程。

(四)强化基层管理队伍建设,提高队伍整体水平

随着远程教育学习载体的增多,进一步完善远程教育站点各项制度,规范业务流程。建议通过AB岗的形式,增强基层服务队伍稳定性,确保一般情况下每个站点至少有1名管理人员服务于集中学习组织。探索以小班教学、分期办班的方式,举办基层站点管理员示范培训班,针对基层站点常见问题开展针对性培训,加强基层站点管理员培训的针对性和实效性。

(五)创新远程学习组织形式,体现站点学习优势

各基层站点需延伸触角,创新特色教学模式,不能"为学而学"。发挥农村、社区等基层党组织的优势,根据当地党员群众的生活、居住特点,探索"远教+活动"的形式,把经常性群众活动与党员教育相结合。继续优化"远教+基地"的教学模式,充分发挥站点在产业链上的优势,定期组织农村居民集体参加政治理论和适用技术学习。在集体学习中积极营造相互交流、积极发言的良好氛围,充分发挥集体学习的优越性。

北京农民远程教育学用分析报告（2020）

一、平台教学资源建设情况

截至 2020 年底，新增视频课程资源 1 408 个，其中征集资源 518 个，非征集视频资源 890 个，实现北京农民远程教育网、手机微网站、App 发布、智能 TV 多终端同步推送（表 4-5）。新增音频 375 部，其中制作《习近平谈治国理政》第三卷专辑音频 91 部，转采音频课程 284 部。围绕中共中央、全市工作重点，发布图文信息 2 839 篇，新建专题 37 个，其中网站建设新专题 19 个，移动微网站新建 18 个。微信公众号共发布信息 365 期，编辑发布文章 1 224 条。今日头条发布新专辑 8 个，上传视频 276 个。喜马拉雅主播号开设新专辑 5 个，转采音频课程 284 部。

表 4-5 2020 年视频资源建设情况

单位：个

栏目名称	非征集资源	征集资源	小计
典型经验	195	356	551
经济建设	2	7	9
社会建设	360	38	398
实用技术	48	2	50
文化建设	71	15	86
政策法规	7	22	29
政治建设	207	78	285
总计	890	518	1 408

二、终端站点学习情况

截至2020年底,全市共有终端站点7 469个,其中农村站点3 702个,社区站点2 739个,国有企业、机关事业单位、两新及其他站点1 028个。各终端站点年参学率达到46.14%;年平均学习时长48.57小时,年平均学习次数63.93次。

(一)站点活跃情况

2020年全市月均活跃站点1 736个,占全市站点总数的23.24%,总体活跃度较低。2020年1月,活跃站点用户数最多,达到2 098个,占全市站点总数的28.09%,最低月活跃站点1 394个,占全市站点总数的18.66%(图4-6)。

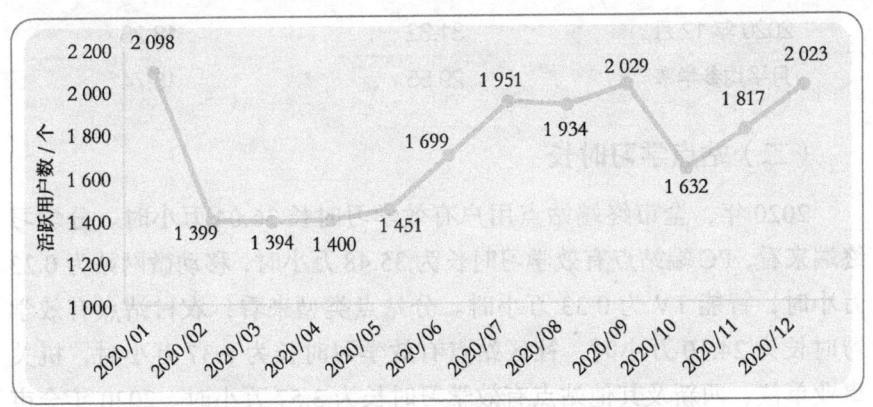

图4-6 2020年全市月均活跃用户趋势分析

从各月参学率情况看,全市农村站点月平均参学率为29.55%,社区站点月平均参学率为15.74%(表4-6)。

表4-6 2020年全市终端站点各月参学率

单位:/%

时间	农村站点参学率	社区站点参学率
2020年1月	34.70	21.06
2020年2月	26.50	9.95

续表

时间	农村站点参学率	社区站点参学率
2020 年 3 月	27.23	9.84
2020 年 4 月	26.31	10.68
2020 年 5 月	26.91	11.70
2020 年 6 月	28.78	15.43
2020 年 7 月	30.56	21.32
2020 年 8 月	31.67	19.09
2020 年 9 月	33.16	19.02
2020 年 10 月	26.99	15.74
2020 年 11 月	30.45	16.83
2020 年 12 月	31.32	18.25
月平均参学率	29.55	15.74

（二）站点学习时长

2020 年，全市终端站点用户有效学习时长 36.04 万小时。分学习终端来看，PC 端站点有效学习时长为 35.48 万小时，移动微网站为 0.23 万小时，智能 TV 为 0.33 万小时。分站点类型来看，农村站点有效学习时长为 24.10 万小时，社区站点有效学习时长为 8.37 万小时，机关事业单位、两新及其他站点有效学习时长为 3.57 万小时。2020 年全市全部站点月平均有效学习时长 4.03 小时（表 4-7）。

表 4-7 2020 年全市终端站点用户有效学习时长

单位：小时

时间	农村	社区	机关事业单位、两新及其他	有效学习时长	平均有效学习时长
2020 年 1 月	18 007.85	9 494.36	2 494.27	29 996.48	4.03
2020 年 2 月	19 291.98	5 593.74	2 608.64	27 494.36	3.69
2020 年 3 月	21 789.91	5 611.39	3 164.71	30 566.01	4.10

续表

2020年4月	21 059.80	5 906.88	3 234.75	30 201.43	4.05
2020年5月	18 910.09	6 906.16	3 326.77	29 143.02	3.91
2020年6月	17 144.65	7 249.24	3 210.66	27 604.55	3.70
2020年7月	20 017.60	8 184.06	3 714.35	31 916.01	4.28
2020年8月	20 267.16	7 281.58	2 424.14	29 972.88	4.02
2020年9月	27 569.56	7 456.26	4 049.02	39 074.84	5.24
2020年10月	16 087.84	5 610.86	1 700.96	23 399.66	3.14
2020年11月	17 801.42	7 038.63	1 727.80	26 567.85	3.57
2020年12月	23 021.38	7 415.55	4 057.76	34 494.69	4.63
总和	240 969.20	83 748.71	35 713.83	360 431.80	4.03

注：1. 互联网网站和智能 TV 系统有效学习时长统计规则为：单次点播学习时长超过视频总时长的 20% 计入有效学习时长。单次直播时长低于 4 小时，按实际时长计入，超过 4 小时按 4 小时计入。手机微网站有效学习时长统计规则为：单次学习时长超过 30 秒记入有效学习时长。

2. 平均学习时长＝有效学习时长/应学站点数

2020 年全市农村和社区站点月学习时长呈现波动状态，且变化趋势基本一致。9 月和 12 月是全年学习高峰时段（图 4-7）。

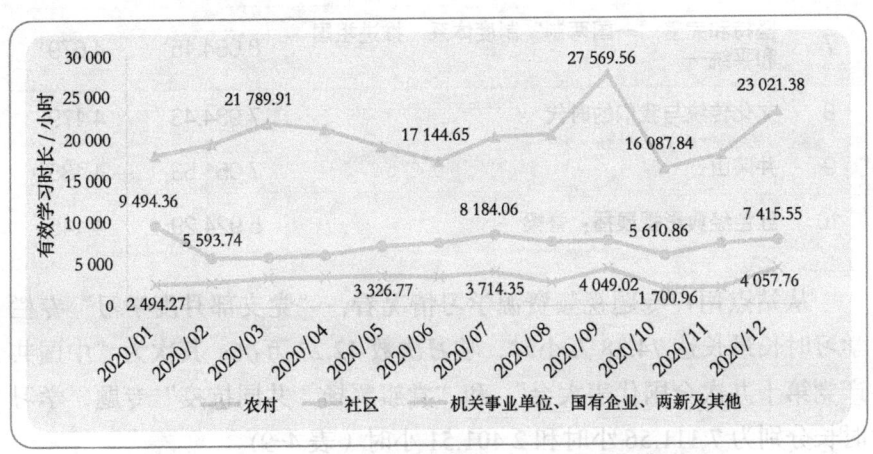

图 4-7　2020 年全市各类终端站点用户有效学习时长

（三）视频资源学习情况

从站点用户最喜欢观看的视频资源看"深入学习领会《习近平新时代中国特色社会主义思想三十讲》"位列第一，学习时长达 5.65 万小时，学习次数达 2.38 万次，位列第二和第三的是"中国共产党第十九次全国代表大会报告"和"上甘岭"（表 4-8）。

表 4-8　2020 年全市终端站点视频观看排名前十

排名	课程名称	播放时长/小时	播放次数/次
1	深入学习领会《习近平新时代中国特色社会主义思想三十讲》	56 470.38	23 780
2	中国共产党第十九次全国代表大会报告	27 395.43	8 894
3	上甘岭	21 209.20	9 024
4	学习贯彻党的十九届四中全会《决定》　坚持和完善中国特色社会主义制度和国家治理体系	15 103.34	8 440
5	中国共产党第十九次全国代表大会开幕会	10 558.32	3 154
6	发挥好"显著优势"，坚持和完善生态文明制度体系，促进人与自然和谐共生	8 107.51	4 492
7	坚持和完善"一国两制"制度体系　推进祖国和平统一	8 064.15	4 679
8	文化传统与我们的时代	7 984.43	4 179
9	井冈山	7 051.53	4 185
10	红色经典影视展播：脊梁	5 924.29	4 145

从站点用户专题视频资源学习情况看，"党支部月度学习"专栏学习时长最长达 74.38 万小时，学习次数 42.27 万次；其次为"中国共产党第十九次全国代表大会" 和"党旗飘扬　共同抗疫"专题，学习时长分别为 7 111.56 小时和 2 401.51 小时（表 4-9）。

表 4-9　2020 年全市终端站点专题学习排名前五

序号	专题名称	学习时长 / 小时	学习次数 / 次
1	党支部月度学习专栏	743 838.82	4 227 387
2	中国共产党第十九次全国代表大会	7 111.56	1 110 678
3	党旗飘扬　共同抗疫	2 401.51	134 498
4	初心·使命	1 382.75	69 775
5	学习宣传贯彻党的十九届四中全会精神	681.66	14 179

（四）各站点学习情况

从站点用户学习时长看，学习时长最长的是顺义区仁和镇石各庄村，全年参学时长达 2.19 万小时，其次是大兴区庞各庄镇南章客村和北李渠村，观看时长分别为 7 793.58 小时和 5 654.41 小时（表 4-10）。

表 4-10　2020 年全市农村终端站点学习排名前十

序号	所属区	用户名	机构类别	学习时长 / 小时	学习次数 / 次
1	顺义区	顺义区仁和镇石各庄村	建制村	21 900.27	6 153
2	大兴区	大兴区庞各庄镇南章客村	建制村	7 793.58	2 386
3	大兴区	大兴区庞各庄镇北李渠村	建制村	5 654.41	1 347
4	房山区	房山区佛子庄乡北窖村	建制村	4 948.65	806
5	大兴区	大兴区黄村镇狼三村	建制村	3 987.99	1 521
6	房山区	房山区佛子庄乡北峪村	建制村	3 671.17	11 622
7	大兴区	大兴区黄村镇西芦村	建制村	2 547.99	1 324
8	大兴区	大兴区庞各庄镇西黑垡村	建制村	2 170.11	2 509
9	顺义区	顺义区仁和镇陶家坟村	建制村	2 026.9	1 276

续表

序号	所属区	用户名	机构类别	学习时长/小时	学习次数/次
10	大兴区	大兴区黄村镇立垡村	建制村	1 852.17	706

注：部分终端站点存在多支部共用 1 个账号的情况，学习时长为累计时长，学习次数为累计次数。

北京农民远程教育学用分析报告（2021）

为全面掌握 2021 年北京农村远程教育视频资源的使用情况，对 2021 年 1 月 1 日至 12 月 31 日期间视频教学资源的播放相关数据进行了梳理，从多个维度对视频课程学用情况进行总结。

一、点播课程播放量分类统计

点播次数、点播时长、播完次数、播完率等数据都是视频资源学用情况的客观反映。同时，学用情况可以按照不同使用终端、用户注册类型、用户登录状态等维度进行分析。点播课程播放量的分类统计就是将点播课程的播放次数、播放时长、播完次数和播完率按照使用终端分类、用户注册类型分类、用户登录状态分类和用户所在单位分类进行统计。

1. 按月度统计

用户每月的视频课程点播量差异不大。2021 年点播量最高为 3 月，播放时长为 3.69 万小时，最低为 8 月，播放时长为 2.48 万小时（表 4-11、图 4-8）。

表 4-11　月度学习效果统计

时间	播放时长/小时
2021 年 1 月	32 923.47

续表

时间	播放时长/小时
2021年2月	29 386.71
2021年3月	36 832.24
2021年4月	35 465.40
2021年5月	27 276.14
2021年6月	25 620.72
2021年7月	27 625.18
2021年8月	24 811.17
2021年9月	28 917.82
2021年10月	29 035.49
2021年11月	29 804.12
2021年12月	30 975.60

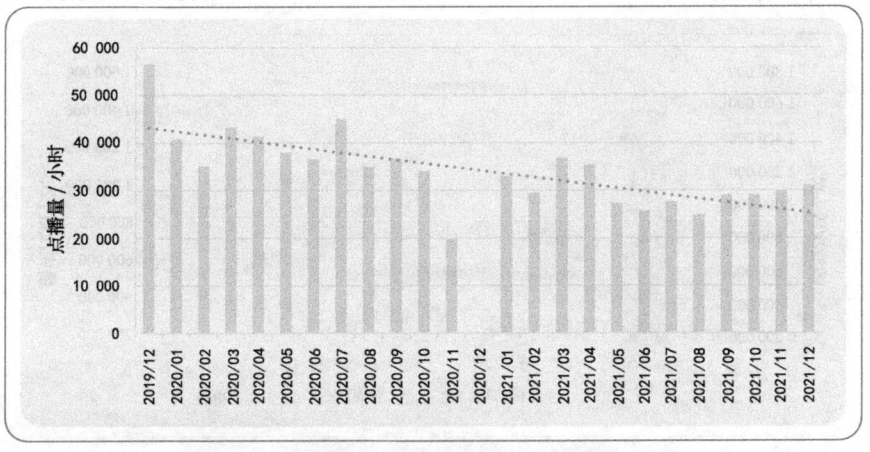

图 4-8　2020/2021 年度月度点播量趋势对比

2. 按使用终端统计

北京农村远程教育使用终端包括PC、移动（微网站）、智能TV（机顶盒）和手机App。台式机作为用户最常用的工作学习设备，学习时长和次数都远超其他终端设备。2021年，点播视频课程在PC端播放次数为156.7万次，播放时长为79万小时，播完次数为138万次，播完率达到88.09%。对比PC端和移动端学用数据，PC端播放次数是移动端的4.7倍，播放时长为移动端的8.8倍，播完次数为移动端的5.2倍，播完率为移动端的1.1倍（表4-12、图4-9、图4-10）。

表4-12 不同终端学习效果统计

终端类型	播放次数/次	播放时长/小时	播完次数/次	播完率/%
PC	1 567 063	790 669.49	1 380 548	88.09
移动端	335 050	89 947.92	266 312	79.47
智能TV	138	180.13	101	73.18
App端	24	2.04	4	16.66

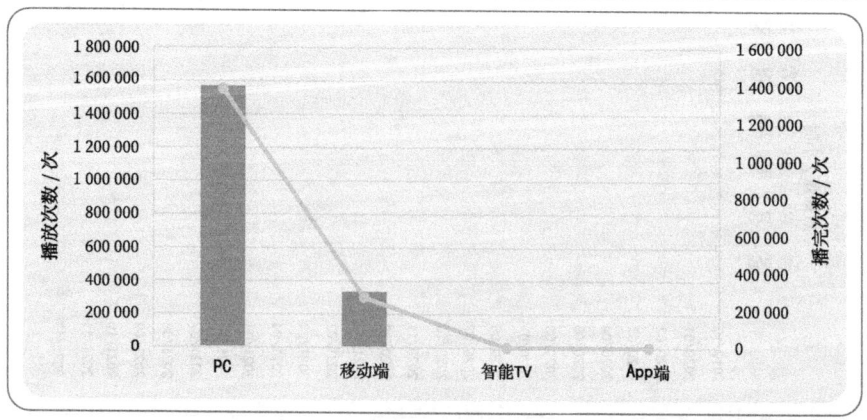

图4-9 不同终端播放次数对比

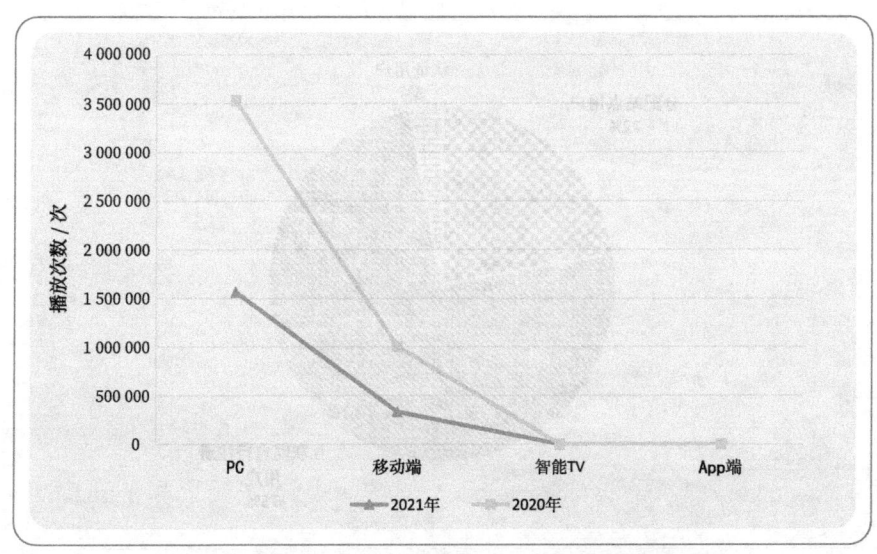

图 4-10　2020/2021 年度不同终端播放次数趋势对比

3. 按用户注册类型统计

北京农村远程教育用户包括认证用户、互联网自行注册用户及分配站点用户。2021 年，互联网自行注册用户是点播视频课程学习的主力军，播放次数为 132 万次，播放时长为 54 万小时，分别占总量的 75% 和 65%；其次为分配站点用户，播放次数为 39 万次，播放时长为 27 万小时，分别占总量的 22% 和 33%（表 4-13、图 4-11）。

表 4-13　不同终端学习效果统计

用户类型	播放次数 / 次	播放时长 / 小时	播完次数 / 次	播完率 / %
认证用户	53 631	16 814.91	49 063	91.48
互联网自行注册用户	1 321 753	543 332.95	1 202 005	90.93
分配站点用户	393 205	276 093.41	308 083	78.34

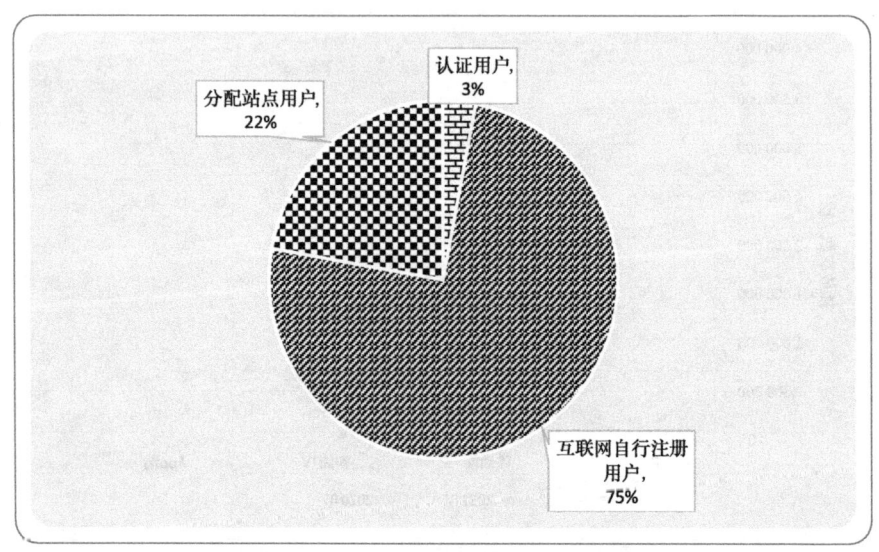

图 4-11 不同用户类型播放次数占比

4. 按登录状态统计

北京农村远程教育支持用户以登录或未登录方式在线学习,并记录学习数据,用户以登录学习为主。2021 年,登录用户播放点播视频 177 万次,播放时长 83.8 万小时。登录用户的播放次数和播放时长在总量中的占比均在 90% 以上(表 4-14、图 4-12)。

表 4-14 不同登录状态学习效果统计

登录状态	播放次数 / 次	播放时长 / 小时	播完次数 / 次	播完率 / %
已登录	1 771 509	837 664.18	1 563 494	88.15
未登录	134 082	44 637.57	88 029	65.59

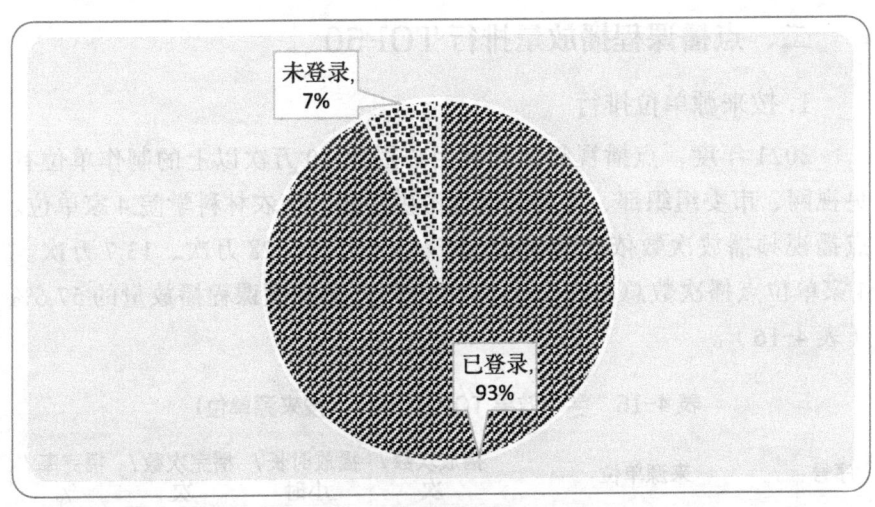

图 4-12　登录状态播放次数占比

5. 按用户单位类型统计

用户按照所在单位分为建制村、农村社区（居委会）、乡镇农民专业合作社类型，2021 年点播视频课程播放次数建制村、农村社区（居委会）分别为 20.9 万次和 1.4 万次（表 4-15）。

表 4-15　不同单位类别学习效果统计

单位类别	播放次数/次	播放时长/小时	播完次数/次	播完率/%
建制村	209 140	159 727.10	158 570	75.76
农村社区（居委会）	13 576	7 727.10	11 284	82.85
乡镇	5 210	3 080.97	4 456	85.52
农民专业合作社	29	11.66	27	93.10

二、点播课程播放量排行 TOP50

1. 按来源单位排行

2021年度,点播视频课程被用户播放10万次以上的制作单位有央视网、市委组织部、市委干部理论讲师团、市农林科学院4家单位。点播视频播放次数依次为34万次、33.5万次、28万次、13.7万次。4家单位点播次数总和占2021年度全网点播视频课程播放量的57.6%(表4-16)。

表4-16 学习效果 TOP10 排行(按来源单位)

序号	来源单位	播放次数/次	播放时长/小时	播完次数/次	播完率/%
1	央视网	341 278	100 429.49	312 444	91.54
2	市委组织部	335 188	102 668.95	301 444	89.92
3	市委干部理论教育讲师团	283 195	244 114.44	253 641	89.55
4	市农林科学院	136 936	82 455.66	123 091	89.88
5	共产党员网	99 177	29 527.62	90 982	91.73
6	北京宣传教育服务中心	84 909	17 636.63	80 001	94.21
7	全国远程办	70 835	75 580.02	60 275	85.09
8	学习强国	57 257	55 972.20	43 815	76.52
9	中央电视台	49 938	42 044.79	45 542	91.17
10	北京电视台	41 738	1 346.73	34 946	83.72

2. 按课程排行

2021年度,点播次数最多的是市委干部理论教育讲师团制作的"深入学习领会《习近平新时代中国特色社会主义思想三十讲》",播放次数2.8万次,播放时长5.9万小时(表4-17)。点播次数1万次以上的视频课程共36部,其播放量总和占全年点播视频播放总量的26.1%。

表 4-17 学习效果 TOP10 排行（按课程）

排名	资源名称	来源单位	播放次数/次	播放时长/小时	播完量/次	播完率/%
1	深入学习领会《习近平新时代中国特色社会主义思想三十讲》	市委干部理论教育讲师团	27 949	59 055.50	19 754	70.67
2	习近平：收放自如 这是国家治理水平的表现	央视网	26 564	374.84	25 657	96.58
3	为改革者负责 为担当者担当	央视网	19 340	866.27	17 536	90.67
4	习近平讲话强调：深入学习贯彻党的十九届五中全会精神 确保全面建设社会主义现代化国家开好局	共产党员网	16 533	3 466.16	12 815	77.51
5	习近平主持召开中央全面深化改革委员会第一次会议并发表重要讲话	中国共产党新闻网	15 716	2 587.21	12 760	81.19
6	全国脱贫攻坚总结表彰大会	央视网	15 444	20 457.39	9 429	61.05
7	中共中央政治局召开民主生活会强调 加强政治建设提高政治能力坚守人民情怀 不断提高政治判断力政治领悟力政治执行力	共产党员网	15 338	3 629.03	11 811	77.00
8	"十四五" 规划了怎样的未来	央视网	15 333	5 220.33	11 955	77.96
9	坚持以人民为中心的发展思想 落实"十四五"规划和 2035 远景目标——学习党的十九届五中全会精神	市委干部理论教育讲师团	14 636	16 052.88	9 649	65.92
10	《焦点访谈》发挥制度优势 提升治理效能	央视网	14 513	3 301.85	12 272	84.55

3. 按专题排行

2021年，专题专栏中视频播放次数排行前三依次为"党支部月度学习专栏""北京党史慕课""平'语'近人——习近平总书记用典"（图4-13）。排行第一的"党支部月度学习专栏"，视频学习次数为106.1万次，占全年点播视频播放量的55.8%（表4-18）。

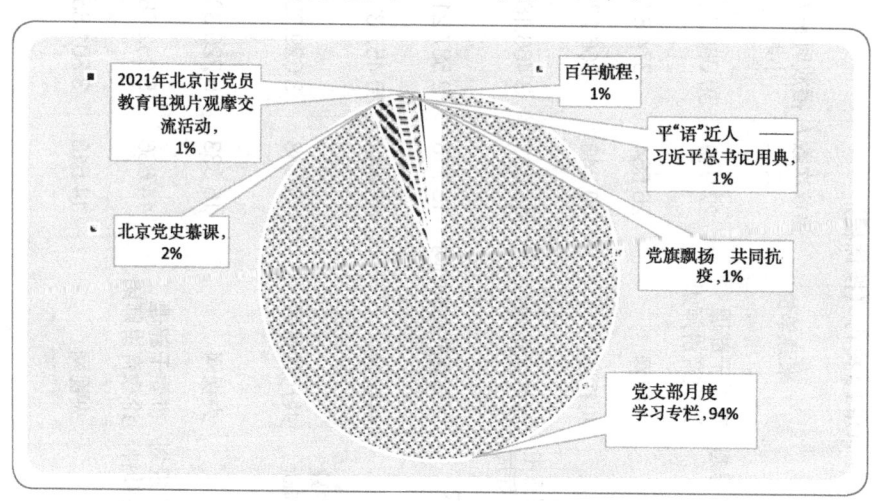

图4-13 视频点播量1 000次以上专题分布

表4-18 学习效果TOP10排行（按专题）

序号	专题名称	总学习次数/次	总学习时长/小时
1	党支部月度学习专栏	1 060 528	469 464.86
2	北京党史慕课	22 644	1 701.64
3	平"语"近人——习近平总书记用典	12 795	342.07
4	党旗飘扬 共同抗疫	12 174	499.12
5	2021年北京市党员教育电视片观摩交流活动	5 685	947.96
6	百年航程	3 959	849.30

续表

序号	专题名称	总学习次数/次	总学习时长/小时
7	中国共产党第十九次全国代表大会	2 693	2 240.58
8	十九届六中全会	1 915	1 388.91
9	2021 全国两会	1 866	533.08
10	美村三十六法	1 816	318.66

4. 月度学习专栏按课程排行

"党支部月度学习专栏"每月一期，每期12部视频课程。2021年度，月度学习专栏中的视频课程点播量超过1万次的有48部，其播放量占该专栏总播放量的47.4%。其中点播量最高的"《焦点访谈》发挥制度优势　提升治理效能"，播放量2.9万次（表4-19）。

表4-19　月度学习专栏播放量TOP10排行

序号	标题——移动	播放量（总）	播放量（PC）	播放量（移动）
1	《焦点访谈》发挥制度优势　提升治理效能	29 020	22 512	6 508
2	深入学习领会《习近平新时代中国特色社会主义思想三十讲》	27 930	27 834	96
3	习近平：收放自如　这是国家治理水平的表现	26 563	25 824	739
4	新时代贯彻以人民为中心发展思想的着力点	23 488	17 450	6 038
5	正确理解和把握总体国家安全观	19 944	15 974	3 970
6	为改革者负责　为担当者担当	19 338	14 875	4 463
7	如何发展中国特色社会主义制度　推进国家治理体系和治理能力现代化问题	17 756	15 466	2 290
8	习近平讲话强调：深入学习坚决贯彻党的十九届五中全会精神　确保全面建设社会主义现代化国家开好局	16 530	11 590	4 940

续表

序号	标题——移动	播放量（总）	播放量（PC）	播放量（移动）
9	习近平新时代中国特色社会主义思想是党和国家必须长期坚持的指导思想	16 058	14 472	1 586
10	习近平主持召开中央全面深化改革委员会第一次会议并发表重要讲话	15 715	11 990	3 725

三、交互效果统计

1. 视频课程留言评分统计

课程评分是用户对视频课程满意度最直观的评价，评分分为5档，从低到高，满分5分。2021年度，视频课程评分总次数超过4万次，3分、5分为用户集中使用的分值，3分课程占评分总数的38.2%，5分课程占评分总数的61.7%（表4-20、图4-14）。

表4-20 视频留言/评分统计

所属栏目	评分次数					总计
	1分	2分	3分	4分	5分	
政治建设	/	1	6 760	26	14 845	21 632
典型经验	1	/	4 046	12	5 727	9 786
文化建设	/	/	1 476	/	1 631	3 108
实用技术	/	/	1 649	1	1 135	2 785
社会建设	/	/	923	2	941	1 866
政策法规	/	/	246	/	356	602
经济建设	/	/	263	1	221	485
总计	1	1	15 363	43	24 856	40 264

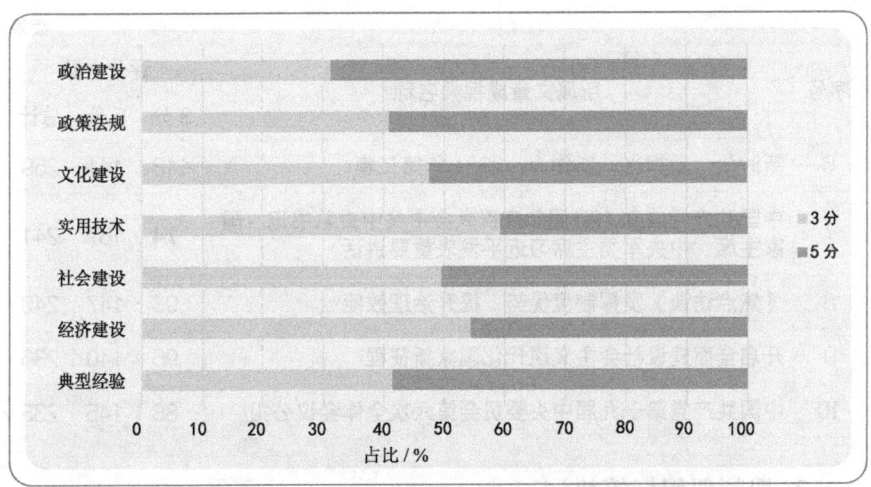

图 4-14 栏目 3 分、5 分评分次数对比

2. 视频课程留言 / 评分排行

视频课程留言 / 评分次数最多的课程"习近平讲话强调：深入学习坚决贯彻党的十九届五中全会精神 确保全面建设社会主义现代化国家开好局"评分次数 337 次，其中 3 分 155 次，5 分 182 次（表 4-21）。

表 4-21 视频留言 / 评分 TOP10 排行

序号	所属文章或视频名称	评分次数		
		3 分	5 分	总计
1	习近平讲话强调：深入学习坚决贯彻党的十九届五中全会精神 确保全面建设社会主义现代化国家开好局	155	182	337
2	"十四五"规划了怎样的未来	139	159	298
3	学习贯彻习近平总书记"七一"重要讲话精神系列专题宣讲（谢春涛）	61	230	291
4	新时代 新担当 新作为：2021 年第一集	140	146	286
5	习近平主持召开中央全面深化改革委员会第一次会议并发表重要讲话	107	157	264

续表

序号	所属文章或视频名称	评分次数		
		3分	5分	总计
6	新时代　新担当　新作为：2021年第二集	118	141	259
7	中国共产党成立100周年庆祝大会中共中央总书记、国家主席、中央军委主席习近平发表重要讲话	74	167	241
8	《焦点访谈》发挥制度优势　提升治理效能	93	147	240
9	开启全面建设社会主义现代化国家新征程	96	140	236
10	中国共产党第十九届中央委员会第六次全体会议公报	88	145	233

3. 视频课程标签热词

标签是每个视频课程内容的浓缩，标签热词从侧面反映出用户关注的热点内容。通过梳理每月用户关注最多的100个标签数据，汇总出全年最受用户关注的标签，包括历史使命、新时代中国特色社会主义、三十讲等（表4-22）。

表4-22　视频热门标签TOP50排行

序号	热词	序号	热词
1	历史使命	26	中国特色社会主义
2	新时代中国特色社会主义	27	乡村振兴
3	三十讲	28	小康社会
4	陈冬生	29	十九大党章
5	中国共产党第十九次全国代表大会	30	党史党务
6	从严治党	31	党章
7	组织纪律	32	治理水平
8	党风	33	改革
9	小康	34	理想
10	党风廉政	35	党史

续表

序号	热词	序号	热词
11	政治纪律	36	治理能力
12	复兴	37	北京党史慕课
13	纪律	38	治理体系
14	廉政	39	杭州
15	新时代 新担当 新作为	40	建党100周年
16	党员	41	党史故事100讲
17	政策法规	42	郑风田
18	科普知识	43	十九大报告
19	新时代	44	十九届四中全会
20	十九大	45	十四五
21	月度学习	46	中国梦
22	第一书记培训班	47	经济
23	政策条例	48	医疗健康
24	习近平	49	金融
25	中国共产党	50	脱贫攻坚

4. 视频课程搜索关键词排行

搜索关键词是另一个反映用户关注热点的数据项，提取分析2021年度用户使用过的3.2万余个搜索关键词后整理出使用频率最高的50个关键词。使用频率最高的均超过7万次，包括建设、社区、农村、典型、街道等，其中"建设"一词被搜索8.5万次（表4-23）。

表4-23 视频热门搜索关键词TOP50排行

序号	关键词	出现次数/次	序号	关键词	出现次数/次
1	建设	85 348	26	书记	30 339
2	社区	78 224	27	经验	30 212

序号	关键词	出现次数/次	序号	关键词	出现次数/次
3	农村	73 714	28	共产党	29 764
4	典型	72 513	29	支部	28 779
5	街道	68 741	30	服务	28 543
6	党员	62 346	31	机关事业	28 511
7	北京	61 262	32	共产	27 865
8	组织	58 898	33	管理	26 805
9	文化	53 007	34	思想	26 021
10	社会	51 650	35	党史	25 094
11	中国	43 360	36	理论	25 430
12	经济	39 508	37	干部	24 422
13	医院	39 055	38	学习	23 373
14	事业	37 515	39	土门	23 364
15	技术	36 721	40	典型经验	22 963
16	机关	36 550	41	初心	22 845
17	事业单位	36 216	42	党支部	21 112
18	保健	33 567	43	医疗	20 693
19	单位	32 604	44	政治建设	20 548
20	农业	32 592	45	党政	20 249
21	政治	32 536	46	党建	19 970
22	发展	32 102	47	健康	19 643
23	教育	31 897	48	科普	19 333
24	高校	30 629	49	习近平	18 483

续表

序号	关键词	出现次数/次	序号	关键词	出现次数/次
25	国企	30 479	50	主义	18 438

5. 直播课程播放量统计

2021年度,直播课程总播放量为7.2万次,其中,北京直播频道播放次数6万余次,占直播播放总量的83.8%(表4-24)。

表4-24 直播课程学用统计表

序号	直播类型	播放次数/次	播放时长/小时
1	北京直播	60 666	10 328.65
2	专题直播	11 224	13 295.64
3	全国直播	482	364.40

北京农民远程教育学用分析报告(2022)

截至2022年底,北京农民远程教育平台微信公众号关注人数40.23万人,长城政务头条号粉丝数5.25万人,喜马拉雅主播号粉丝数8 400人。累计访问量为2.85亿次,其中,互联网站、移动网站、智能TV共计2.50亿次,微信公众号、喜马拉雅、今日头条等融媒体平台共计3 476.14万次。

平台发布图文信息累计10.43万条,上传课程累计2.09万部。

一、平台访问情况

2022年,互联网平台各终端访问量为3 909.29万次,其中互联网站3 235.98万次,手机微网站665.65万次,智能TV系统7.32万次;融媒体平台访问量为222.87万次,其中,微信公众号阅读量为132.05

万次，政务头条号短视频累计播放量 30.45 万人次，喜马拉雅主播号累计播放量 60.37 万人次。

二、用户在线学习情况

2022 年，平台月平均活跃用户量为 5 630 个。其中，3 月活跃用户量最高为 6 761 个 (图 4-15)。

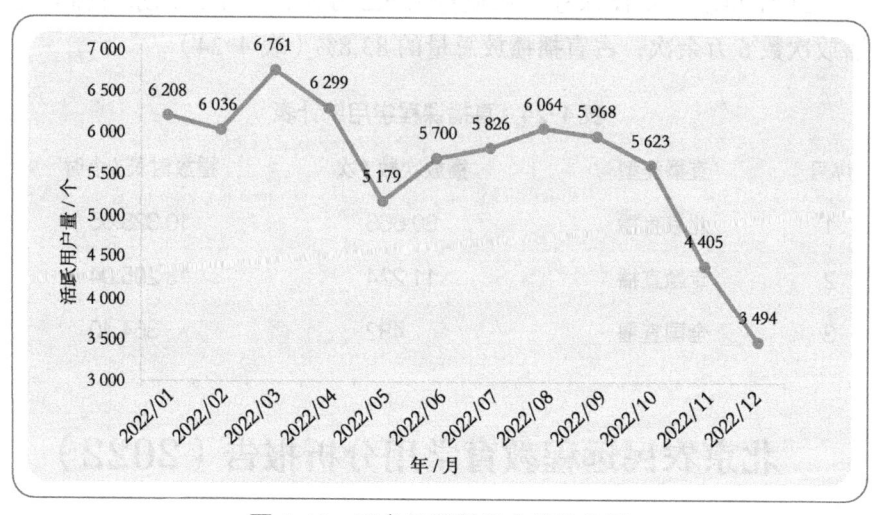

图 4-15　平台月活跃用户趋势分析

2022 年，学习热词排行前 5 位的是：月度学习、习近平、党员、新时代　新担当　新作为、党课（表 4-25）。

表 4-25　2022 年平台课件学习热词

序号	热词	学习次数	序号	热词	学习次数
1	月度学习	380 659	11	国防	37 953
2	习近平	170 272	12	微视频	31 907
3	党员	157 228	13	十九大	29 752
4	新时代　新担当　新作为	145 683	14	和平	29 059
5	党课	69 786	15	十九届六中全会	24 964

续表

序号	热词	学习次数	序号	热词	学习次数
6	人类命运共同体	66 044	16	大国外交	24 586
7	"一带一路"	65 379	17	冬奥会	24 206
8	国际关系	63 669	18	发展	24 138
9	外交	44 101	19	中国特色社会主义	22 129
10	一国两制	38 788	20	新时代	21 653

2022年，微信公众号每月平均阅读量为11.00万次。其中，11月活跃用户量最高为15.70万个（图4-16）。

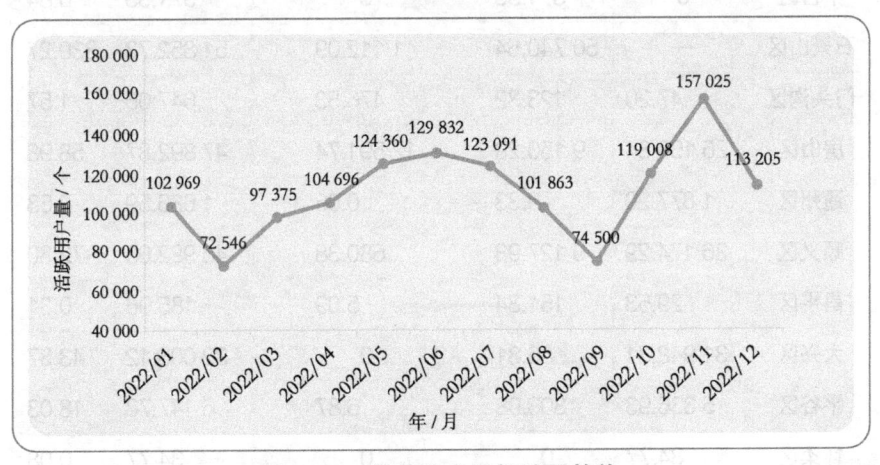

图4-16　微信公众号阅读量趋势

三、全市分配站点培训情况

截至2022年底，全市分配站点有效学习时长累计达412.34万小时。2022年，全市分配站点有效学习时长累计达22.36万小时，其中农村站点学习时长为11.98万小时，社区站点学习时长为8.46万小时。

2022年，分配站点有效学习总时长较长的有石景山区5.19万小时、房山区4.79万小时和顺义区4.60万小时。分配站点平均有效学习时长较长的有石景山区 330.27 小时、顺义区 72.30 小时和房山区 58.98 小时（表 4-26）。

表 4-26　2022 年全市分配站点用户有效学习时长　　单位：小时

区名称	农村	社区	机关事业单位、国有企业、两新及其他	有效学习时长合计	平均学习时长
东城区	—	5 668.77	543.79	6 212.56	30.31
西城区	—	6 707.79	3 755.95	10 463.74	16.80
朝阳区	579.88	712.70	7.53	1 300.11	1.73
海淀区	1.41	60.72	106	168.13	0.23
丰台区	0	371.55	0	371.55	0.04
石景山区	—	50 740.64	1 112.09	51 852.73	330.27
门头沟区	47.20	123.32	476.53	647.05	1.57
房山区	26 150.84	9 150.29	12 591.74	47 892.87	58.98
通州区	1 677.20	9.33	0.06	1 686.59	2.53
顺义区	36 174.29	9 127.98	680.38	45 982.65	72.30
昌平区	29.53	151.34	5.09	185.96	0.31
大兴区	31 948.31	56.81	0	32 005.12	43.37
平谷区	5 336.93	803.98	6.87	6 147.78	18.03
怀柔区	34.77	0	0	34.77	0.08
密云区	17 471.27	827.79	0	18 299.06	42.07
延庆区	304.02	71.35	0	375.37	0.83
合计	119 755.65	84 584.36	19 308.42	223 648.43	26.48

注：1. "—"代表缺省值。其他为非区属分配站点。
　　2. 互联网网站和智能 TV 系统有效学习时长统计规则为：单次点播学习时长超过视频总时长的 20% 计入有效学习时长。单次直播时长低于 4 小时，按实际时长计入，超过 4 小时按 4 小时计入。手机微网站有效学习时长统计规则为：单次学习时长超过 30 秒记入有效学习时长。
　　3. 平均学习时长 = 有效学习时长 / 应学站点数

四、图文栏目学习情况

截至 2022 年底,图文栏目学习次数累计达 11 873.10 万次。2022 年图文栏目学习次数达 2 219.68 万次(图 4-17)。

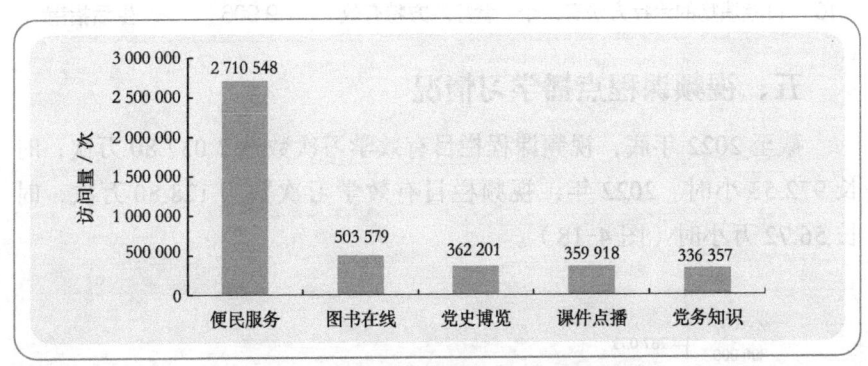

图 4-17　2022 年图文栏目访问量排行

全年用户点击最多的图文信息是网站使用帮助栏目的《北京长城网用户常见使用问题及解决办法》,点击量是 2.17 万次(表 4-27)。

表 4-27　2022 年图文信息点击次数排行

排行	文章名称	点击次数/次	所属图文栏目
1	北京长城网用户常见使用问题及解决办法	21 716	使用帮助
2	区县管理员培训材料(ppt)	19 115	软件下载
3	鼻塞怎么办　怎样让鼻通气　鼻塞注意事项	16 492	生活指南
4	葡萄有哪些营养价值? 注意吃葡萄不要做五件事	16 211	生活指南
5	俄研发超声波止血仪器	15 183	科普园地
6	陈毅三进泰州会"二李"	13 175	党史博览
7	湘江之问	12 542	图书在线
8	党的地方各级委员会及其常委会是如何产生和运转的?	10 559	党务知识

续表

排行	文章名称	点击次数/次	所属图文栏目
9	王尽美：壮美青春光和热　尽善尽美唯解放	10 385	党史博览
10	口腔溃疡的治疗方法有六个　食疗八方特有效	9 906	生活指南

五、视频课程点播学习情况

截至 2022 年底，视频课程栏目有效学习次数达 2 037.80 万次，时长 972.53 小时。2022 年，视频栏目有效学习次数为 128.80 万次，时长 56.72 万小时（图 4-18）。

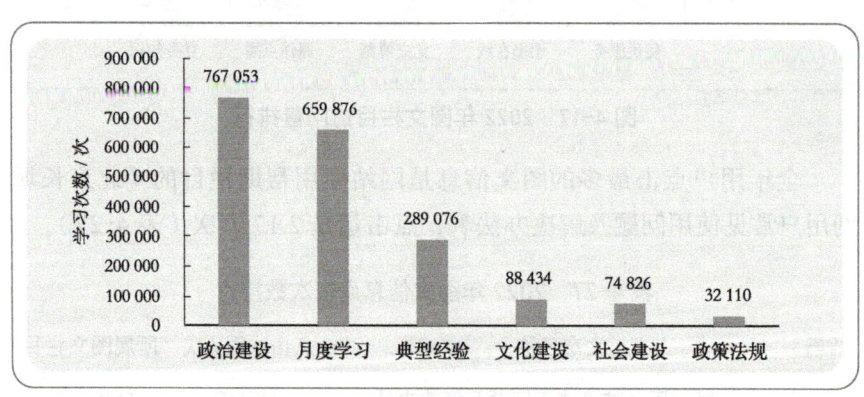

图 4-18　2022 年视频课程类型学习次数排行

根据课程点播有效学习次数统计得出，2022 年用户点击最多的视频课程是由央视网制作的"拼搏奉献，知重负重攻坚克难——论学习贯彻习近平总书记在'七一勋章'颁授仪式上重要讲话"（表 4-28、表 4-29）。

表 4-28　2022 年视频课程点击次数排行

排行	视频课程	节目制作单位	点击次数/次	播完率/%
1	拼搏奉献，知重负重攻坚克难——论学习贯彻习近平总书记在"七一勋章"颁授仪式上重要讲话	央视网	19 811	98.62

续表

排行	视频课程	节目制作单位	点击次数/次	播完率/%
2	深入学习领会《习近平新时代中国特色社会主义思想三十讲》	市委干部理论教育讲师团	18 831	78.12
3	听习近平讲获得感、幸福感、安全感	北京宣传教育服务中心	11 958	76.56
4	绿水青山就是金山银山	市委干部理论教育讲师团	11 130	72.73
5	中国共产党成立100周年庆祝大会中共中央总书记、国家主席、中央军委主席习近平发表重要讲话	央视网	11 119	65.41
6	中国特色大国外交的主要内容	市委干部理论教育讲师团	10 599	72.32
7	新时代　新担当　新作为：2022年第一集	市委组织部	10 125	79.45
8	习近平在庆祝中国共产党成立100周年大会上的重要讲话的丰富内涵	市委干部理论教育讲师团	10 095	78.45
9	习近平对政法工作作出重要指示强调　切实履行好维护国家安全社会安定人民安宁的重大责任　让人民群众切实感受到公平正义就在身边	学习强国	10 020	89.10
10	万物并育而不相害	央视网	9 856	71.40

表4-29　2022年不同类别用户视频课程点击次数排行

农村用户			社区用户		
视频课程	点击次数/次	播完率/%	视频课程	点击次数/次	播完率/%
深入学习领会《习近平新时代中国特色社会主义思想三十讲》	8 345	82.79	深入学习领会《习近平新时代中国特色社会主义思想三十讲》	5 377	77.43

续表

农村用户			社区用户		
视频课程	点击次数/次	播完率/%	视频课程	点击次数/次	播完率/%
中国共产党第十九次全国代表大会报告	3 814	77.05	上甘岭	1 346	73.10
党的十九届六中全会的重要成果和核心要义	1 345	72.67	党的十九届六中全会的重要成果和核心要义	1 141	70.35
中国共产党成立100周年庆祝大会 中共中央总书记、国家主席、中央军委主席习近平发表重要讲话	1 041	78.39	红色经典影视展播：国歌	781	75.16
中国特色大国外交的主要内容	967	74.20	落实全面从严治党要求 加强农村基层党风廉政建设	766	86.81
新时代中国共产党的历史使命	951	66.59	红色经典影视展播：我的长征	748	78.74
习近平在庆祝中国共产党成立100周年大会上的重要讲话的丰富内涵	930	78.06	绿水青山就是金山银山	627	86.26
《党课开讲啦》第2期：伟大建党精神	921	69.04	红色经典影视展播：开国大典（下）	617	83.79
以史为鉴 开创未来——夺取全面建成社会主义现代化强国新胜利	895	81.34	听习近平讲获得感、幸福感、安全感	546	79.84
开天辟地	857	84.48	中国共产党成立100周年庆祝大会 中共中央总书记、国家主席、中央军委主席习近平发表重要讲话	545	80.82

六、专题学习情况

2022年,建设新专题20个。其中,"党支部月度学习专栏"访问量296.26万次,其他专题访问量194.02万次。重点开发建设"二十大代表风采录""中国共产党第二十次全国代表大会""北京 非凡十年""中国共产党第十九届中央委员会第六次全体会议""深入学习2022年中央一号文件精神""一起走'近'2022全国两会"等专题,并在多终端及时推送(表4-30)。

表4-30 专题访问情况

序号	栏目名称	访问次数/次	有效学习时长/小时
1	党支部月度学习专栏	2 962 596	251 112.56
2	二十大代表风采录	1 516	31.03
3	中国共产党第二十次全国代表大会	23 647	1 383.83
4	北京 非凡十年	2 726	130.40
5	中国共产党第十九届中央委员会第六次全体会议	30 455	6 620.14
6	深入学习2022年中央一号文件精神	8 874	159.12
7	一起走"近"2022全国两会	13 964	1 135.27

七、融媒体平台学习情况

截至2022年底,"长城答题·等你来战"微信答题小程序累计答题175.59万人次。2022年,答题4 362人次。

截至2022年底,北京农民远程教育互联网答题系统累计答题12.99万人次,其中党支部月度学习答题4.03万人次。2022年,答题

6 085 人次，其中党支部月度学习答题 495 人次。

截至 2022 年底，政务头条号短视频累计播放量 88.74 万人次。2022 年，短视频播放量 30.48 万人次。

截至 2022 年底，喜马拉雅主播号累计播放量 207.97 万人次。2022 年，播放量 60.39 万人次。

附件一：用户满意度调研与测评

您好！本次调查的目的是掌握农村用户对远程教育个性化学习系统的应用和满意程度，请根据您自身的实际情况填写，非常感谢您的配合。

[ ] 1. 您的性别是：

  （1）男   （2）女

[ ] 2. 您的年龄是：

  （1）18 岁及以下 （2）19~30 岁

  （3）31~40 岁 （4）41~50 岁

  （5）51~60 岁 （6）61 岁及以上

[ ] 3. 您的文化程度是：

  （1）初中及以下 （2）高中（含中专）

  （3）大专   （4）本科及以上

[ ] 4. 您所从事的职业是：

  （1）种植业 （2）畜牧业 （3）林业 （4）渔业

  （5）副业 （6）非农经营 （7）其他（请注明）

[ ] 5. 您属于哪类农业经营主体：

  （1）家庭农场 （2）专业大户 （3）农民合作社

  （4）农业产业化龙头企业 （5）普通农户

[ ] 6. 您觉得个性化学习系统的作用是？（可多选）

  （1）学习更有针对性 （2）方便检索课程

  （3）方便自行安排学习计划 （4）方便了解自己的学习状况

  （5）提高了学习效率

7. 您对使用远程教育个性化学习系统的满意程度（在相应框划"√"）

序号	题目	非常满意	很满意	一般满意	不满意	非常不满意
1	个性化推荐视频的相关性					
2	个性化推荐视频的及时性					
3	学习计划制订的便捷性					
4	学习时长统计的准确性					
5	个性化学习资源查找的方便性					

附件二：农民远程教育需求调查问卷

尊敬的各位用户：

为了更好地了解基层对农民远程教育的使用需求，特开展本次调查。本次调查仅用于科学研究，不记入学习统计，请您放心如实作答。感谢您的配合！

填写说明：请在符合条件的选项上打"√"。

基本信息

Q1. 请填写您所在：_____ 区 用户名：_____

Q2. 性别： A. 男　　　B. 女

Q3. 年龄： A. 20~30 岁（含）　　B. 30~40 岁（含）

　　　　　C. 40~50 岁（含）　　D. 50~60 岁（含）　　E. 60 岁以上

Q4. 您属于哪类用户：

　　　A. 村两委干部　　B. 大学生村官　　C. 社区工作者

　　　D. 普通党员　　　E. 普通群众

　　　F. 其他（请注明）_____

第一部分

Q5. 您一般每天工作（职业工作，非党务工作）多长时间？

　　A. 6 小时（含）及以下　　B. 6~8 小时（含）

　　C. 8~10 小时（含）　　　　D. 10 小时以上

Q6. 您一般每月工作（职业工作，非党务工作）多少天？

　　A. 工作 22 天（双休）　　B. 26 天（单休）

　　C. 30 天（无休）　　　　　D. 0 天（无工作）

Q7. 手机通常采用什么方式上网？

　　A. 家里/办公室有 Wi-Fi

　　B. 通常没有 Wi-Fi，使用话费流量上网

　　C. 手机基本不上网

Q8. 您通常从哪里下载手机应用软件？

　　A. 苹果 App Store　　B. 华为应用中心　　C. 小米应用商店

　　D. 腾讯应用宝　　　　D. 其他应用市场　　E. 没下载过手机软件

Q9. 经常使用手机的哪些功能？（可多选）

　　A. 手机聊天（微信/QQ）　　B. 看新闻（头条）　　C. 看天气

　　D. 听歌　　E. 看视频　　F. 玩游戏　　G. 网购/外卖

　　H. 共享单车/滴滴出行　　I. 买火车票

Q10. 使用过微信哪些功能？（可多选）

　　A. 文字聊天　　　　　　B. 语音聊天　　　　　C. 视频聊天

　　D. 拍照发朋友圈　　　　E. 朋友圈点赞评论

　　F. 微信传文件到电脑　　G. 微信支付

Q11. 平时都关注哪类新闻？（可多选）

　　A. 国家大事　　B. 本市本地新闻　　C. 娱乐新闻

　　D. 学习相关　　E. 工作相关　　　　F. 亲子孩子相关

Q12. 按接收党组织信息的频次从高到低排序 _____

    A. 党支部微信/QQ群　　　　B. 关注党建微信公众号

    C. 浏览党建网站（长城网）　D. 综合新闻网站（网易/头条）

    E. 纸媒报纸　　　　　　　　F. 参加党支部会议

Q13. 近两年参加过的党组织活动，按组织形式的频次从高到低排序 _____

    A. 面对面，看视频课　　　B. 面对面，学习纸质材料

    C. 面对面，无学习材料，自我批评讨论会　　D. 外出参观学习

    E. 网上学习，统一内容　　F. 网上学习，自选内容

    G. 其他，请填写 _____

Q14. 以下党员考核指标，按重要程度从高到低排序 _____

    A. 按期交党费　　B. 按期参加党组织会议

    C. 定期上交思想汇报

    D. 在网站完成学习内容　　E. 及时关注国家大事

Q15. 请列举近期参加过的三项党组织学习主题，填写学习主题即可

_____、_____、_____

第二部分

Q16. 请根据您的实际情况（实际感受），在右面合适的选项上打"√"。答案没有对错之分，对每一个句子无须多考虑。

	完全不正确	有点正确	多数正确	完全正确
1. 如果我尽力去做的话，我总是能够解决问题的	1	2	3	4

2. 即使别人反对我，我仍
   有办法取得我所要的　　　　1　　2　　3　　4

3. 对我来说，坚持理想和
   达成目标是轻而易举的　　　1　　2　　3　　4

4. 我自信能有效地应付任
   何突如其来的事情　　　　　1　　2　　3　　4

5. 以我的才智，我定能应
   付意料之外的情况　　　　　1　　2　　3　　4

6. 如果我付出必要的努力，
   我一定能解决大多数的难题　1　　2　　3　　4

7. 我能冷静地面对困难，
   因为我信赖自己处理问题的能力　1　　2　　3　　4

8. 面对一个难题时，我通
   常能找到几个解决方法　　　1　　2　　3　　4

9. 有麻烦的时候，我通常能
   想到一些应付的方法　　　　1　　2　　3　　4

10. 无论什么事在我身上发生，
    我都能应付自如　　　　　　1　　2　　3　　4

第三部分

Q17. 为了较好地理解某些事物，您首先：
　　　A. 试试看　　　B. 深思熟虑

Q18. 您办事喜欢：
　　　A. 讲究实际　　B. 标新立异

Q19. 当您回想以前做过的事，您的脑海中大多会出现：

　　A. 一幅画面　　B. 一些话语

Q20. 您往往会：

　　A. 明了事物的细节但不明其总体结构

　　B. 明了事物的总体结构但不明其细节

Q21. 在学习某些东西时，您不禁会：

　　A. 谈论它　　B. 思考它

Q22. 如果您是一名教师，您比较喜欢教：

　　A. 关于事实和实际情况的课程　B. 关于思想和理论方面的课程

Q23. 您比较偏爱的获取新信息的媒介方式是：

　　A. 图画、图解、图形及图象　　B. 书面指导和言语信息

Q24. 一旦您了解了：

　　A. 事物的所有部分，您就能把握其整体

　　B. 事物的整体，您就知道其构成部分

Q25. 在学习小组中遇到难题时，您通常会：

　　A. 挺身而出，畅所欲言　　B. 往后退让，倾听意见

Q26. 您发现比较容易学习的是：

　　A. 事实性内容　　B. 概念性内容

Q27. 在阅读一本带有许多插图的书时，您一般会：

　　A. 仔细观察插图　　B. 集中注意文字

Q28. 当您解决数学题时，您常常：

　　A. 思考如何一步一步求解

　　B. 先看解答，然后设法得出解题步骤

Q29. 在您修课的班级中，

　　A. 您通常结识许多同学　　B. 您认识的同学寥寥无几

Q30. 在阅读非小说类作品时，您偏爱：

　　A. 那些能告诉您新事实和教您怎么做的东西

　　B. 那些能启发您思考的东西

Q31. 您喜欢的教师是：

　　A. 在黑板上画许多图解的人　　B. 花许多时间讲解的人

Q32. 当您在分析故事或小说时：

　　A. 您想到各种情节并试图把他们结合起来去构想主题

　　B. 当您读完时只知道主题是什么，然后您得回头去寻找有关情节

Q33. 当您做题时，您比较喜欢：

　　A. 一开始就立即做解答　　B. 首先设法理解题意

Q34. 您比较喜欢：

　　A. 确定性的想法　　B. 推论性的想法

Q35. 您记得最牢的是：

　　A. 看到的东西　　B. 听到的东西

Q36. 您特别喜欢教师：

　　A. 向您条理分明地呈现材料

　　B. 先给您一个概貌，再将材料与其他论题相联系

Q37. 您喜欢：

　　A. 在小组中学习　　B. 独自学习

Q38. 您更喜欢被认为是：

　　A. 对工作细节很仔细　　B. 对工作很有创造力

Q39. 当要您到一个新的地方去时，您喜欢：

　　A. 要一幅地图　　B. 要书面指南

Q40. 您学习时：

　　A. 总是按部就班，您相信只要努力，终有所得

B. 您有时完全糊涂，然后恍然大悟

Q41. 您办事时喜欢：

　　A. 试试看　　　　B. 想好再做

Q42. 当您阅读趣闻时，您喜欢作者：

　　A. 以开门见山的方式叙述　　B. 以新颖有趣的方式叙述

Q43. 当您在上课时看到一幅图，您通常会清晰地记着：

　　A. 那幅图　　　　B. 教师对那幅图的解说

Q44. 当您思考一大段信息资料时，您通常：

　　A. 注意细节而忽视概貌　　B. 先了解概貌而后深入细节

Q45. 您最容易记住：

　　A. 您做过的事　　　B. 您想过的许多事

Q46. 当您执行一项任务时，您喜欢：

　　A. 掌握一种方法　　B. 想出多种方法

Q47. 当有人向您展示资料时，您喜欢：

　　A. 图表　　　　　　B. 概括其结果的文字

Q48. 当您写文章时，您通常：

　　A. 先思考和着手写文章的开头，然后循序渐进

　　B. 先思考和写作文章的不同部分，然后加以整理

Q49. 当您必须参加小组合作课题时，您要：

　　A. 大家首先"集思广益"，人人贡献主意

　　B. 各人分头思考，然后集中起来比较各种想法

Q50. 当您要赞扬他人时，您说他（她）是：

　　A. 很敏感的　　　B. 想象力丰富的

Q51. 当您在聚会时与人见过面，您通常会记得：

　　A. 他们的模样　　B. 他们的自我介绍

Q52. 当您学习新的科目时，您喜欢：

　　A. 全力以赴，尽量学得多学得好

　　B. 试图建立该科目与其他有关科目的联系

Q53. 您通常被他人认为是：

　　A. 外向的　　　　B. 保守的

Q54. 您喜欢的课程内容主要是：

　　A. 具体材料（事实、数据）　　B. 抽象材料（概念、理论）

Q55. 在娱乐方面，您喜欢：

　　A. 看电视　　　　B. 看书

Q56. 有些教师讲课时先给出一个提纲，这种提纲对您：

　　A. 有所帮助　　　　B. 很有帮助

Q57. 您认为只给合作的群体打一个分数的想法：

　　A. 吸引您　　　　B. 不吸引您

Q58. 当您长时间地从事计算工作时：

　　A. 您喜欢重复您的步骤并仔细地检查您的工作

　　B. 您认为检查工作非常无聊，您是在逼迫自己这么干

Q59. 您能画下您去过的地方：

　　A. 很容易且相当精确　　B. 很困难且没有许多细节

Q60. 当在小组中解决问题时，您更可能是：

　　A. 思考解决问题的步骤

　　B. 思考可能的结果及其在更广泛领域内的应用

Q61. 您对远程教育工作还有哪些意见建议？

──